改革开放进程中的经济学家学术自传

张卓元　高培勇　主编

# 宋晓梧学术自传

宋晓梧◎著

ACADEMIC AUTOBIOGRAPHY OF SONG XIAOWU

SPM
南方出版传媒
广东经济出版社
·广州·

**图书在版编目（CIP）数据**

宋晓梧学术自传 / 宋晓梧著. —广州：广东经济出版社，2020.1

（改革开放进程中的经济学家学术自传）

ISBN 978-7-5454-6686-7

Ⅰ.①宋… Ⅱ.①宋… Ⅲ.①宋晓梧—自传 ②经济学—文集 Ⅳ.①K825.3 ②F-53

中国版本图书馆CIP数据核字（2019）第065926号

出 版 人：李　鹏

责任编辑：周　晶

责任技编：陆俊帆

**宋晓梧学术自传**

SONGXIAOWU XUESHU ZIZHUAN

宋晓梧　著

| | |
|---|---|
| 出版发行 | 广东经济出版社（广州市环市东路水荫路11号11—12楼） |
| 经销 | 全国新华书店 |
| 印刷 | 恒美印务（广州）有限公司<br>（广州市南沙经济技术开发区环市大道南路334号） |
| 开本 | 787毫米×1092毫米　1/16 |
| 印张 | 15.75 |
| 字数 | 160 千字 |
| 版次 | 2020年1月第1版 |
| 印次 | 2020年1月第1次 |
| 书号 | ISBN 978-7-5454-6686-7 |
| 定价 | 98.00元 |

广东经济出版社网址：http://www.gebook.com　微博：http://e.weibo.com/gebook

图书营销中心地址：广州市环市东路水荫路11号11楼

电话：（020）87393830　邮政编码：510075

如发现印装质量问题，影响阅读，请与承印厂联系调换

广东经济出版社常年法律顾问：胡志海律师

## 《改革开放进程中的经济学家学术自传》丛书

# 编辑委员会

# 《改革开放进程中的经济学家学术自传》丛书分册名录

（按姓氏音序排列）

1.《白重恩学术自传》
2.《蔡昉学术自传》
3.《常修泽学术自传》
4.《陈东琪学术自传》
5.《陈锡文学术自传》
6.《迟福林学术自传》
7.《樊纲学术自传》
8.《范恒山学术自传》
9.《房维中学术自传》
10.《高培勇学术自传》
11.《高尚全学术自传》
12.《郭克莎学术自传》
13.《洪银兴学术自传》
14.《黄达学术自传》
15.《黄群慧学术自传》
16.《贾康学术自传》
17.《江小涓学术自传》
18.《金碚学术自传》
19.《李实学术自传》
20.《李晓西学术自传》
21.《厉以宁学术自传》
22.《林兆木学术自传》
23.《刘诗白学术自传》
24.《刘世锦学术自传》
25.《刘树成学术自传》
26.《刘伟学术自传》
27.《马建堂学术自传》
28.《彭森学术自传》
29.《宋晓梧学术自传》
30.《田国强学术自传》
31.《王梦奎学术自传》
32.《王一鸣学术自传》
33.《魏杰学术自传》
34.《魏礼群学术自传》
35.《乌家培学术自传》
36.《吴敬琏学术自传》
37.《杨瑞龙学术自传》
38.《张军学术自传》
39.《张军扩学术自传》
40.《张晓山学术自传》
41.《张燕生学术自传》
42.《张宇燕学术自传》
43.《张卓元学术自传》
44.《赵人伟学术自传》
45.《郑新立学术自传》
46.《周叔莲学术自传》

# 总　序

Preface

盛世出华章。中国的改革开放是一场波澜壮阔、前无古人的伟大社会变革，也将是世界经济发展史上的瑰丽篇章。中国经济学家在这场伟大变革中，或贡献了智力，或参与了实践，无论是参政建言还是学术构建，均厥功甚伟。

在我们先后迎来改革开放40周年和中华人民共和国成立70周年之际，为了记录并彰显中国经济学家的历史贡献，为中国特色社会主义事业进一步发挥智慧的力量和作用，同时借以勉励后学筑梦前行，我们组织并编辑了这套《改革开放进程中的经济学家学术自传》丛书。

这套丛书的出版设想，最初由广东经济出版社提出。在此之前，得力于中国社会科学院经济研究所张卓元教授等的大力支持，该社曾于2009年编辑出版《影响新中国60年经济建设的100位经济学家》丛书。那套丛书产生了良好的社会反响，也获得了较高的学术评价。弹指一挥间，又是一个十年，共和国迎来了70华诞，改革开放也逾40周年。在这样一个特殊的背景下，广东经济出版社邀请张卓元教授和高培勇教授领衔，由《经济研究》编辑部具体负责，组织、编辑一套集中反映改革开放进程中的经济学家学术探索和心路历程的丛书。

认识到这是一件颇具眼光、很有意义的事情，于是，便有了读者眼前这套《改革开放进程中的经济学家学术自传》丛书编辑出版工作的启动。

中国经济改革与发展的伟大实践，为中国经济学家的成长提供了肥沃的土壤。要从这些灿若繁星的经济学家中推选出大家比较公认的富有影响力的经济学家，并不容易。怎样推选？推选多少？具体标准是什么？如何约稿？丛书的体例又该如何把握？这一系列相关问题接二连三地提至我们面前。

为此，在初步拟订编辑出版方案的基础上，由张卓元教授和高培勇教授主持，邀请部分专家召开了小范围的论证会议，就组建丛书编辑委员会以及丛书编辑出版的一系列相关问题听取意见，进一步完善方案。

紧跟着，2017年6月25日，丛书编辑委员会会议在北京举行。出席会议的委员共有19位（按姓氏音序排列）：白重恩、常修泽、陈东琪、陈锡文、迟福林、高培勇、郭克莎、黄群慧、金碚、李晓西、刘伟、彭森、宋晓梧、田国强、魏礼群、吴敬琏、张军扩、张燕生、张卓元。因故请假、提供书面意见的委员有10位（按姓氏音序排列）：蔡昉、曹远征、贾康、李实、李扬、厉以宁、林毅夫、刘世锦、钱颖一、张军。

这次编辑委员会会议就如下一些重要问题形成了高度共识：

第一，关于丛书的意义。委员们高度认可丛书的编辑出版工作，认为这是一项富有重要历史和现实意义的出版工程。

第二，关于丛书入选者的标准和数量。委员们认为应本着宁缺毋滥、质量为先原则，以对改革开放事业的某个特定领域做出实质性贡献或产生实质性影响的经济学家为重点，入选者宜掌握在60位左右。

第三，关于丛书的体例。基于凸显学术价值和史料价值的考虑，委员们认为学术自传宜涵盖作者的学术成长历程、作者对改革开放事业某个特定领域的研究成果和学术贡献、作者对特定领域改革前景的展望等方面内容。

第四，关于丛书的读者对象。委员们认为应主要面向青年学者以及学生，谈人生经验、述理想情怀，激励广大青年学者和学生确立奋斗的目标、发展的方向和成功的路径。

第五，关于丛书的文风。委员们主张学术自传应具有较强的理论性、学术性，同时文笔流畅、深入浅出，具有一定的可读性。

在经过充分讨论形成的候选经济学家名单基础上，与会委员按照获得半数以上多数票入选的规则，以无记名投票方式表决确定了65位入选者。

会议还决定，请因故请假的委员继续对候选经济学家名单通讯投票，并根据此项流程的统计结果，提请全体编辑委员会委员再进行一次通讯评审，最终确定丛书入选者为68位。

由此产生的《改革开放进程中的经济学家学术自传》丛书入选作者为（按姓氏音序排列）：白重恩、蔡昉、曹远征、常修泽、陈东琪、陈清泰、陈锡文、迟福林、樊纲、范恒山、房维中、高培勇、高尚全、郭克莎、 郭树清、韩俊、洪银兴、华生、黄达、黄群慧、贾康、江小涓、金碚、李剑阁、李京文、李实、李晓西、李扬、厉以宁、林毅夫、林兆木、刘国光、刘鹤、刘诗白、刘世锦、刘树成、刘伟、隆国强、楼继伟、马建堂、彭森、钱颖一、宋晓梧、田国强、王梦奎、王一鸣、魏杰、魏礼群、乌家培、吴敬琏、吴晓灵、杨启先、杨瑞龙、易纲、余永定、张军、张军扩、张维迎、张晓山、张燕生、张宇燕、张卓元、赵人伟、郑新立、周其仁、周叔莲、周小川、朱玲。

在确定入选者名单之后，《经济研究》编辑部立即展开了组稿工作，共有46位入选者接受约稿。在这一过程中，入选的经济学家或其家属、秘书、好友等，对我们的工作给予了热情的支持，在百忙之中积极准备所需要的文献，其认真精神令人感动。应该说，没有他们的积极响应和大力支持，这套丛书是难以按时按质完成的。

由于入选的经济学家大多是名人、忙人，有一部分老作者也已年届九十高龄，约稿的工作量及其难度可想而知。一些作者提出暂不能写作，这多少令我们感到些许遗憾。其间也有许多感人的情景要告诉读者们：常修泽先生于2018年夏天在吉林延边的一个小镇闭门两三个月专事自传写作，在整个写作过程中数十次与编辑部和出版社沟通，包括内容完善、结构设计和一些合理性建议等诸多细节，并且在约定期限内交稿给编辑部；九十五岁高龄的黄达教授在写作过程中十余次通过电话或电子邮件与编辑部讨论写作重点和风格；乌家培、林兆木、王梦奎等老先生也是不厌其烦，反复就文字沟通润色；周叔莲先生在去世前一周还给编辑部打电话，告诉编辑自己已经基本完成了书稿的写作，并详细介绍了自己的写作过程和感想，我们至今忆此仍为之动容。在这些难得的沟通中，我们一次次被感动。

随着此套丛书的陆续编辑出版，我们越来越强烈地体会到了这项工作的意义和价值:

入选这套丛书的作者，系改革开放进程中的经济学家，他们的知名度较高，社会影响较大。这套自传体丛书，是对他们的代表性研究成果、学术贡献、成长历程及人格魅力的一个集中展示。对于广大读者特别是青年学子来说，这无疑是一个难得的学习、了解我国经济理论和现实问题的机会。

这些经济学家在各自的学术领域都是佼佼者或领军者，他们学术素养深厚、学术成就卓越。他们在自传中大多以第一人称娓娓道来，讲述了自己的家国情怀与学术成长经历，为记录我国改革开放历程留下了第一手资料。从经济史和思想史的角度看，这应该是非常有史料价值的研究文献。

众多大家的纸上风华，既映射出中国改革开放40多年取得的巨大成就，也是对中国改革与发展经验比较系统的总结。正如习近平总书记所指出的:“从我国改革发展的实践中挖掘新材料、发现新问题、提出新观点、构建新理论，加强对改革开放和社会主义现代化建设实践经验的系统总结，加强对发展社会主义市场经济、民主政治、先进文化、和谐社会、生态文明以及党的执政能力建设等领域的分析研究，加强对党中央治国理政新理念新思想新战略的研究阐释，提炼出有学理性的新理论，概括出有规律性的新实践。这是构建中国特色哲学社会科学的着力点、着重点。”应该说，本套丛书的作者们用生动而精彩的人生与学术追求，践行了这一重要要求。

这套丛书的编辑出版与《经济研究》编辑部各位同仁的努力也是分不开的。他们通过电话、短信和邮件等方式不断地与作者或其家人、秘书等进行沟通。参加组稿和审稿工作的人员有:郑红亮、刘霞辉、张永山、唐寿宁、王利娜、谢谦、金成武、孙三百、陈小亮、欧宏、王红梅、刘莹、曹帅。

广东经济出版社的领导和编辑在本丛书的出版过程中也做了大量的工作，正是有了他们的努力，这套丛书才能得以顺利与读者见面。

特别值得一提的是，这样一套组织工作浩繁的大型丛书，见证了《经济研究》编辑部与广东经济出版社值得称道的团队合作精神。编辑部的张永山、王红梅同志和广东经济出版社的编辑团队从始至终为丛书的组织沟通、约稿、文稿整理付出了大量的心血，他们的耐心和一丝不苟的敬业精神令人称道。

这套丛书就此付梓了，回望中国改革开放的辉煌岁月，携手丛书作者对祖国的拳拳心路与期待，我们略感欣慰！但由于时间仓促，加之我们的水平有限，书中的不足和错误之处在所难免，敬请广大读者批评指正。

《改革开放进程中的经济学家学术自传》丛书编辑委员会

2019年10月

## 作者简介

**宋晓梧**

男，汉族，1947年12月出生于河北省邢台市，中国共产党党员。中国经济50人论坛成员、中国社保30人论坛成员、中国收入分配50人论坛成员、北京师范大学中国收入分配研究院院长、中国东北振兴研究院理事长。研究员、博士生导师。

曾任：中国经济改革研究基金会理事长（2014—2018年），国家教育咨询委员会委员（2010—2018年），中国经济体制改革研究会会长（2009—2014年），第十一届全国政协委员（2008—2013年），国务院振兴东北办副主任（2004—2008年），国家发展和改革委员会党组成员兼宏观经济研究院院长（2003—2004年），国务院经济体制改革办公室党组成员兼秘书长、宏观体制司司长（1998—2003年），国家体改委分配和社会保障司司长兼国务院职工医疗保险制度改革领导小组办公室主任（1996—1998年），中国劳动科学研究院副院长（1993—1996年），劳动部国际劳工研究所副所长（1990—1993年），中国企业管理协会国际劳工部主任（1988—1990年），中国厂长经理工作研究会副秘书长（1984—1998年）。

曾兼任：中国企业联合会（中国企业家协会）副会长、中国劳动学会副会长、中国医疗保险研究会副会长、中国社会保险研究会顾问、中国人力资源开发研究会顾问、中国就业促进会学术委员；中国人民大学、暨南大学博士生导师，北京大学、首都经贸大学、中国社会科学院研究生院硕士生导师；国家行政学院、湖北经济学院特聘教授；广东省综合改革发展研究院院长；大庆市政府、石嘴山市政府经济顾问。

长期从事改革的理论研究和改革的行政工作，曾负责组织起草或参与起草了有关职工基本养老保险制度改革、职工基本医疗保险制度改革、新型农村合作医疗制度、资源型城市可持续发展以及振兴东北规划等多个中央和国务院文件。在企业改革、就业体制改革、社会保障体制改革、收入分配体制改革、医药卫生体制改革、社会体制改革以及资源型城市可持续发展、促进区域协调发展等方面撰写了一系列具有理论意义和应用价值的论著。

有关研究成果曾获孙冶方经济学奖、劳动部科学技术进步一等奖。个人学术成就被收入《二十世纪中国知名科学家学术成就概览（经济学卷）》，主要学术观点被收入《中国百名经济学家理论贡献精要》。

宋晓梧学术自传

# 目录

# 壹

## 我的学术自传

学术自传，重在学术。对于我这样1966届的老高三学生而言，能够走上学术殿堂十分不易。下面我先从坎坷的求学之路说起，再回顾自己的学术经历。其实作者简介和主要学术成果部分已经反映了我的学术生涯，因此在学术自传部分，我侧重介绍自己参与过的几次大的理论争论，有心的读者可管中窥豹，从一个侧面看到改革开放40年来解放思想的曲折与壮阔。此外，想在学术自传中加一点行政工作“私货”，只讲新型农村合作医疗文件制定与棚户区改造工作立项这两件事，希望能为我的学术生涯涂抹一点点立体色彩。

## 一 艰难曲折的求学之路

对于在“文革”前上中学的所有老三届学生而言，求学之路大多都不平坦，我可能是其中经历更为艰难曲折的一个。

### 1. 破碎的1966年高考梦

我于1966年在北京第五十六中学高三毕业，当时正在为第一志愿是报考北大数学系还是报考哈工大工程物理系，与数学老师、物理老师多次商议。数学老师主张报考北大数学系，因为我高一、高二都获得了学校数学竞赛第一名。高三学期北京市取消了中学生数学竞赛，自然没有名次，但老师说我不用上高三的数学课了，让我直接看北大数学系的教科书，记不得为什么，还曾让我代他授过课。高三毕业数学考试，两堂课时间，约90分钟，我45分钟交卷，监考老师看了一眼，写上“标准答案”4字，让我把考卷贴到楼道里。同时，物理老师和我的入党介绍人（一位副校长）动员我报考哈工大，说那样更符合时代的需要。正当我犹豫不决之时，史无前例的“文化大革命”把包括我在内的所有老三届的高考梦彻底粉碎了。

我在“文化大革命”中组织部分同学成立了一个COM（英文共产主义的前三个字母）学习小组，学习《共产党宣言》《反杜林论》《社会主义从空想到科学的发展》《自然辩证法》等马克思与恩格斯著作。我们讨论认为“文化大革命”反官僚、反特权是对的，但急于改变生产关系，过于强调人的主观能动性，过于强调意识形态的反作用，脱离了社会生产力发展的现实，于是我们结合当时“打倒一切”的社会乱象，尤其是“红八月”的打砸抢行为，提出中央文化革命小组（简称“中央文革小组”）犯了“左”倾错误，毛泽东思想要一分为二，反对个人迷信，等等，结果被打成“反革命小集团”。

1967年秋，路过华山

1967年2月，COM学习小组写了一张大字报，准备用架子车拉到西单张贴，题目是《响鼓要用重锤敲》，批评中央文革小组犯了“左”倾错误。一位COM学习小组成员的母亲得知此事，坚决阻拦我们，大声斥责说，你们不懂事，发牢骚算是对“文化大革命”不理解，大字报一贴出去性质就变了，你们进监狱，亲属都要受牵连。大字报虽然没公开张贴，可是许多同学都看到了，有人将其反映到负责军训的解放军那里，于是这张大字报成为COM学习小组反对中央文革小组的铁证。我作为这个“反革命小集团”的头目，从1967年末到1969年3月被批斗、关押了一年零八个月，待批的预备党员资格也被取消。1969年3月，北京市革命委员会通知，对被关押或被“群众专政”的中学生问题暂不做结论，让他们接受工农再教育，以观后效。那时军宣队换成了工宣队，一位工人师傅宣布放我回家，还说如果是1957年，你一定是右派，会被送去劳改，你要感谢党，感谢毛主席对你的宽容和挽救，你本来是尖子学生，何苦搞成这个样子，毛主席说了，大学将来还是要办的，但你一辈子也没希望上大学了，实在可惜呀。我突然忍不住掉下眼泪。挨批斗一年多来，我没失望过，总觉得真理在少数人手里，历史将证明一切。至于同学们在批斗我时说了什么，现在我一句也记不得，因为当时根本就没听。可是工宣队师傅说我一辈子没机会上大学却如一盆冷水当头泼下，我顿时感到前途渺茫，刺骨心寒。

### 2. 没资格报考厂办大学

从学校的“群众专政”办公室被放出来时，同学们绝大多数去兵团或插队，少数人当了兵，极少数人留在北京。我曾问一位留在校革委会工作的高三年级同学，我可以到哪里插队，他半开玩笑半认真地回答："怎么着，你还想再去毒害贫下中农啊！"正逢1969年上半年各单位举办"五七干校"，我就到父母单位在河南罗山办的物资部"五七干校"，牵着一号种牛云旦耕水田去了。种了一年水稻后，我又到干校水电班当电工，挖坑竖高压电杆，登高爬低布电线，接水泵装电灯，之后到息县干校电机厂当检验工。1972年8月，电机车间的一位干部从北京探亲回来，说他爱人在北京内燃机总厂工作，厂里缺电工，问我想不想去。我喜出望外，当即答应回京应聘，就这样回到久违的首都，年近25岁的我在当年中国最大的内燃机厂柴油机车间电工班当了学徒工，每月拿26元钱工资。学徒期间，夜班活不多，上半夜师傅们有空就打扑克下棋，下半夜能睡就睡，我利用这段空闲时间自学了布尔代数和清华大学工业自动化相关课程，认真研究车间程控加工流水线的电路图，熟练掌控了车、铣、刨、磨、镗以及吊车等标准机床的电路。学徒三年未满，车间电气技术员说我已经是电工班里技术水平最高的了。学徒期满，我转为一级工，不久被大家推选当了电工班班长，还带了徒弟。

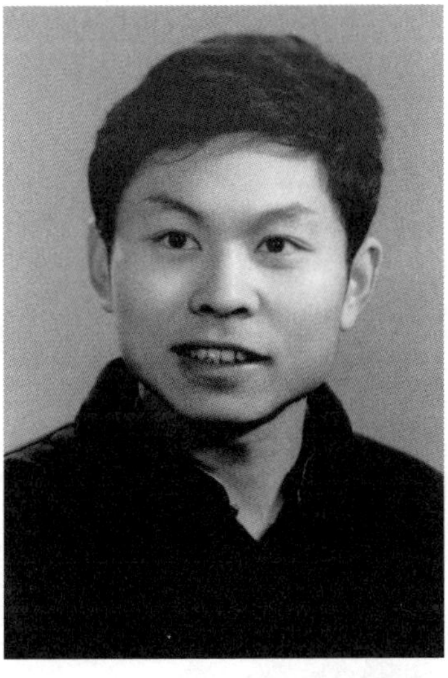
1973年北内先进生产者照片

1975年，北京内燃机总厂

（简称“北内”）办大学招生，我想报名。我当时认为，1971年“九一三”事件后，反对个人迷信的罪名就不成立了，而且，这几年接受工人阶级再教育也算有进步，领导同意我一个刚出徒的人当班长，车间工人理论队伍让我参加活动，要去北大、清华当工农兵大学生没指望，上厂办大学应当网开一面吧。我和车间领导谈了自己的想法，领导说要和其他人再商议一下。那几年我埋头学习技术，不争不抢，上上下下关系还算处得不错，与这位车间负责人也很谈得来。没想到最终得到的答复是我没资格报考厂办大学。理由有两条：一是很多老干部在1975年平反时复职了，而我父亲的问题却迟迟没有得到解决，看来问题不小。二是虽然我本人这几年表现还好，被连续评选为车间先进生产者，但被“群众专政”过的问题没有最终结论，不宜批准报考。这件事对我打击很大，我的情绪一度低落。当年10月填的一首《西江月·秋雨》可以为此做证：“细雨寒蛩凄切，飒风梧叶青黄。一年最苦此时光，枕上忧思翻浪。尘世不堪回首，身家更是仓皇。虽将薄酒热衷肠，何处述说惆怅！”还有一首《浪淘沙·春光》，结尾几句感叹：“此生天教付空忙。春去春来春又去，误了春光！”

看我神不守舍的样子，一位出身不好的师傅酒后推心置腹地对我说，这回明白了吧，就你的家庭背景和自己还没说清的问题，你现在是可用而不可任之人。当个先进，选个班长，那是用得着你，让你小子卖傻力。如果你父亲的问题不解决，这辈子你最多干到工段长。委屈吗？咱们车间委屈的人就不是一个两个，全国有多少能人被家庭出身压在阴山之下，有数吗？那些“地富反坏右”的子女难有抬头之日，但你父亲是老革命，说不定还有翻身之日，如果你的身体搞垮了，可就等不到那一天了。一位车间领导也做我的工作，让我振作起来，说厂办大学的学历，出了北内没人认，不上就不上，我看你去厂办大学当教师都绰绰有余。他们让我进一步认清了自己的真实处境，我的心态安然多了。“万家寂静晓星微，一路华灯戴月归。碌碌终天偏知趣，茫茫世上悟是非。功名原本身后事，富贵从来若土灰。脚踏实地朝前走，任它欢乐与伤悲。”这首《夜归》诗，是写我下夜班后早上6点骑自行车一个半小时回家的情景，也是当年心境的写照。

### 3. “考上也上不了”的1977年高考

1976年10月，“四人帮”被抓，全国民众上街游行庆贺，我也很振奋，心想这次我反中央文革小组的罪名自然也一风吹了。1977年中央决定恢复高考的消息传来，老三届和多年积累的知识青年近570万人踊跃报名，不少人挑灯夜读，重新拾起荒废已久的功课。COM学习小组一位老高一的学生报了名，找我给他讲解高二、高三的数理化，这也使我重新复习了高中课程。大约是报名截止时间前三天，这位同学劝我也报名，我说怕重蹈厂办大学的覆辙。他说你可以直接到区里报名试试。我怀着忐忑的心情到区里报名处，谈了自己的情况，接待我的人说，你的罪名已经不成立了，你父亲的问题也不影响报名，这次不看出身，地主资本家的子女都可以报，你怎么不能报？我把报考大学的事向车间做了汇报，车间负责人说支持，你这一考，就是鲤鱼跳龙门了。

电工班的同事知道我报考的消息，聚在一起打赌，一位师傅“掐指一算”，说百里挑一你也能考上，这个不用赌啊，我赌你考上了也上不了，谁与我赌？大家都说那是不可能的，你就等着请客吧。

1977年12月中旬，我到朝阳区沙板庄中学参加延迟了10年的高考，自我感觉不错。但是第一批录取通知书上没有我，第二批录取通知书上还没有我。与我一同参加高考的北内同事都很诧异，说考试那天你是否过于紧张，看错题了？我到位于日坛公园附近的区招生办公室查考分，才知道我的考试成绩是北内第一，其中政治得96分，朝阳区第一，招生办的人说也可能是北京市第一。4门课程总分近360分，比我报考的清华大学工业自动化系录取标准高近20分。不被录取的原因是我已满30岁，年龄大了学理工科没发展前途，我被分配到北京师范学院白纸坊分院。我争辩说招生文件要求我们这些年纪大的考生要跟自己的工作相结合，我是电工，就报考了清华大学工业自动化系，现在又说年龄大了理工科不录取，这不自相矛盾吗？招生办的人说这个问题你可以向教育部反映，我们解决不了。现在给你一个小时考虑是否服从分配，如不服从，等于放弃了这次难得的机会。我在日坛公园里转悠了整整一小时，左思右想，最终还是同意去北京师范学院白纸坊分院数学系报到。

还没正式到北京师范学院白纸坊分院上学，就传来扩大招生的消息，比我总分低20多分的人也被扩招到北大、清华。我不服气，又找到清华大学招生办，清华大学说我们不能到北京师范学院白纸坊分院要人，只有档案退到招生委员会我们才能招收。我恳请北京师范学院白纸坊分院把我的档案退到招生委员会，得到的回答让人哭笑不得：分院是全国录取分最高的大学，比清华、北大还高20分，哪有从高分学校退到低分学校的道理？我又给教育部写信反映情况，等了一个多月没回音，只好去教育部询问。一位办事人员领我到一间大会议室，指着堆积如山的信件说你的信也在这里，处理不过来啊。再说500多万人考试，不算扩大招生仅录取了25万人，你够幸运的啦。我又向北内领导反映，希望厂里出面把我的档案从北京师范学院白纸坊分院要回来，为此耗了大半年时间，档案是要回厂里了，但1977年高考招生委员会已渺无踪影。“考上也上不了”，这一最不可能出现的情况居然应验，大家都说那位师傅说得真准。



### 4. 一波三折的研究生之路

经过1977年高考，我在北内出了点小名。我先是被借调到《北内工人报》当编辑，后被调到厂办当秘书，1978年底在调查取证之后还被发展重新入了党。1979年5月北京第五十六中学党支部给北内党委发来一封迟到的平反信函，说“文革”中“宋晓梧所受到的审查、关押和专政都是错误的，属于错案。对宋晓梧同志的一切污蔑不实之词应予推倒，错案应予平反，并在全校教职员工落实政策大会上进行宣布，恢复政治名誉”。我很感谢北内领导在学校还没正式给我平反、我父亲的问题也没有结论的情况下发展我入党。我正准备在北内好好干下去，突然传来一个消息：像我这样条件的，可以同等学历资格直接报考研究生。那就最后再挣扎一把，直接考研究生。1979年8月我女儿出生，在征得父母特别是爱人的理解和大力支持下，我搬到北内厂办的一间办公室居住，这样每天可以节省来往路程约3个小时，我将这3个小时用来自学高等数学和俄文。

报考哪类研究生呢？我接受考大学的教训，只好放弃自己偏爱的理工科。我最初打算报哲学方向的研究生，起因是我写了一篇名为《毛泽东思想一分为二》的文章，被父母的老战友（时任《人民日报》副总编辑）看到，他说凭这篇文章你可以直接上哲学研究生。《北内工人报》一位编辑把这篇文章推荐给《北京日报》，《北京日报》让我把10000多字的文章压缩到4000字左右，清样我都看了，正等着发表，突然被告知此文涉嫌抄袭，被撤下了。《北京日报》的编辑给我一篇文章，让我对比，我看了之后也十分惊诧。这篇文章是中央党校一位著名教授写的，其立意、篇章、结构甚至许多用词都与我的文章雷同。COM学习小组一些人看后，都怀疑是那位教授抄袭我的文章。其实现在想想，写这样的题目雷同是难免的，无非就是真理的客观性、实践性、绝对真理、相对真理这些内容。但当时我感到真冤枉死了，写下了“枉费十年磨剑功，未曾出手已折锋。问神问鬼问天地，世道究竟公不公？”这样的诗句。

报哲学研究生我是不想再考虑了，但朝什么方向努力呢？在确定自己后半生发展方向的关键时刻，北内厂长沙叶找我，说你数学很好，文笔不错，如果搞理工，这么大岁数搞不出名堂来，搞文史哲又不是你的爱好，你有企业工作经验，可以搞企业管理，搞工业经济。我这才下决心报考1980

年的经济类研究生，当时有意向的是工业经济和企业管理。我开始自学高等数学、俄文、工业经济及企业管理。那时英文教科书满大街都是，但俄文参考书却买不到。COM学习小组一位1977年考上中国人民大学的同学把他的俄文教材和俄文课笔记本借给我，真是雪中送炭。

研究生报名时，却发现中国社会科学院工业经济研究所和中国人民大学工业经济系1980年都停招。原因是1979年有些没考上大学的却考上研究生了，社会上议论纷纷，教育部为了提高研究生质量，1980年压缩研究生招生规模。我只好找与工业经济相近的学科，后来发现北京经济学院在全国招收3名劳动经济研究生。真是天无绝人之路，我曾参加过北内工人理论队伍与北京经济学院教师的合作研究课题，于是我赶紧找时任北京经济学院劳动经济系主任李永涛老师借了专业参考书，李老师还让我旁听了他的几次劳动经济学讲座，给了我极大的帮助。经过大半年的努力，我以总分第二的成绩，考上了北京经济学院劳动经济系的研究生，师从袁方教授、任扶善教授，指导老师是陈平教授。

拿到研究生录取通知书那天，不知为何，我的心情并不激动，反而有些沮丧。32岁才考上研究生，还有多大奔头呢？我写了一首《接研究生录取通知后游玉渊潭有感》，最后四句是："录取书在手，韶华复何求？但得清如许，去到天尽头。"

没想到上学半年多后，即1981年春天，我病倒了。可能是准备考研的大半年时间里安排得太紧张了，我住在北内，学习计划是每天早上5点30分起床，6点到7点30分背俄文单词，下班后晚上7点到11点补习高等数学、统计学和劳动经济学，实际情况是往往看书到晚上12点以后。刚考上研究生时感觉压力不小，半年后适应了学校生活，精神稍一松弛，身体反倒垮了。胃溃疡大出血导致休克，我被送到协和医院急救，输了800毫升血，住院2个多月，出院后身体十分虚弱，5月还得穿棉袄。我曾打算休学一年，但在老师和同学们的鼓励和帮助下，总算磕磕绊绊地学完所有课程。1981年，我父亲的历史问题得到澄清，被彻底平反，1983年我完成了论文《试论加强我国工业企业定额定员工作的途径》，拿到了经济学硕士学位，多年压在心头的阴霾被彻底驱散，学术殿堂的大门似乎已经向我打开。

回想从1966年准备高考到1983年研究生毕业，17年间时局跌宕起伏，个人身不由己，但求学上进之心却终未泯灭。能够完成研究生学业，为后来的学术研究打下基础，首先要感谢我在而立之年赶上的改革开放伟大时代，其次要感谢北内的领导和同事、北京经济学院的老师和同学，要感谢在困难之际向我伸出援助之手的同学们、师傅们，最后要感谢我的父母和我的老伴，没有他们的帮助，我再奋发努力也寸步难行。

## 二　和而不同的理论探讨

研究生毕业之后，我服从组织安排，在多家单位工作过，曾任原劳动部国际劳工研究所副所长、原中国劳动科学研究院副院长、国家发展和改革委员会党组成员兼宏观经济研究院院长，也担任过原国务院经济体制改革办公室党组成员兼秘书长和国务院振兴东北办副主任。这些经历决定了我较长时间在学术研究与行政工作之间轮回，有利之处是便于把改革理论探讨与改革实践工作相结合，不利之处是两者兼顾总有左右为难之感，尤其是个人学术观点与上级领导或当时的中央文件精神有出入时。我感觉，在单纯的学术讨论中，自己的思想比较放得开，能够发表个人见解，并通过理论探讨深化对问题的认识。下面介绍我参与的几次较重大的学术理论争论，以讲故事为主，以免与学术成果篇的内容过多重复。

### 1. 失业还是待业

我在企业工作了8年多，导师认为写企业定员定额的论文有助于我扬长避短，而我自己也愿意在企业劳动管理上多做些研究。恰好当时国家经委在搞企业劳动组织整顿工作，于是我于1982年就到原国家经委企业局实习了。我随调研组到黑龙江鹤岗等地调研，了解到大多数国企存在“正式工看，临时工干”的问题。苦脏累险的活雇农民工来干，“大锅饭”“铁饭碗”体制弊端突出显现。企业人浮于事严重，冗员多达25%～30%。有的企业为安置职工子女就业，一个澡堂子20多人打扫。

为什么会造成这种情况呢？这与我们长期以来坚持的传统社会主义就业理论有关。1957年资本主义工商业的社会主义改造完成后，我们向世界庄严地宣布中国从此不存在失业。其实失业问题一直在困扰着我们。1958年“大跃进”时从农村招了2000万农民进城，毛主席说，2000万农民招之即来挥之即去，不是共产党哪个办得到？“大跃进”造成了严重的国民经济比例失调，没有办法，只好用行政手段把从人民公社招来的2000万人再退回去。20世纪70年代后期，知青返城也造成了失业高潮，可是理论上仍然不承认社会主义社会存在体制性失业，也不允许用“失业”这个词，只能说是政策失误造成的临时性待业。还有学者撰文论述社会主义待业与资本主义失业的本质区别。

我认为，随着国企改革的深入，从理论上明确社会主义初级阶段存在失业，从而顺理成章地建立失业保险制度已经是不可回避的问题。由于从20世纪50年代到80年代近30年，国家长期包揽就业，实行“能进不能出”的固定工制度，国企积累了几千万富余职工。为了解决“铁饭碗”“大锅饭”问题，当时国家采取了一系列改革措施，其中最重要的是1986年实施的有关国企实行劳动合同制的四个规定、《中华人民共和国企业破产法（试行）》，1988年实施的《中华人民共和国私营企业暂行条例》。劳动合同制的实施，使企业经营者可以按照生产的需要招收和解聘职工，而职工在合同期满后，既有重新择业的自由，又必然面临着失业的风险。此外，那些破产企业以及私营企业的职工，成为失业者的可能性更大。在整顿国有企业劳动组织时就发现，如果没有失业，国有企业很难消化大量富余人员。20世纪80年代中期，曾坚持要求企业内部消化冗员，企业不得已开办劳动服务公司，搞冰棍厂、运输队等，致使经营者无法专心经营主业，更不用说跟国外那些一心一意搞同样业务的企业竞争了。当引进港澳资本和外国资本后，私人企业也发展了起来，国企的效率也比私企低。显然，不能长期要求在企业内部消化冗员，必须把隐性失业转化为显性失业，相应地建立失业保险制度。

但20世纪80年代中后期讨论国企改革主要局限于产权、价格问题。1986年我参加了一次国企改革研讨会，当我提出不建立失业保险制度国企改革就深化不了的观点时，有人竟然说今天的会议是讨论国企改革，请不要跑题。还有人讽刺我讲外行话。在1987年的一次研讨会上，一位劳动部门的老领导严厉批评，说你们知道失业是什么滋味吗？有的年轻人在那里写文章提倡失业保险，瞎搞，那还是社会主义吗？好在当时我还没调到劳动部门，可以坚持自己的观点，于是我借撰写《中国企业管理百科全书（增补卷）》的机会，专门写了“社会主义国家的失业问题”条目，又写了一篇《失业——我国经济体制改革理论和实践面临的新挑战》的文章，论证社会主义初级阶段存在的各种失业现象，并提出了一系列降低失业风险的措施，包括：节制人口增长，提高人口质量，增加劳务输出，建立健全失业保障制度，建立健全劳动仲裁机构，等等。1988年在北京举办的世界经济论坛上我讲了中国面临失业这个问题。当时中国台湾和欧美的一些报纸刊登消息，称中国学者公开承认中国也有失业，弄得我挺紧张，怕又犯政治错误。一位老师还特地打电话叮嘱我暂时先用“待业”一词，等中央文件明确了“失业”一词再用也不晚。我争辩说，既然搞改革，把企业推向市场，让企业自负盈亏，成为独立自主的商品生产者，实行劳动合同制，企业搞不好还要破产，怎么可能没有失业？

现在回顾，那真是一个解放思想的年代。尽管有种种批评和指责，《中国企业管理百科全书（增补卷）》还是采纳了我写的有关失业的条目，《失业——我国经济体制改革理论和实践面临的新挑战》一文也发表在1990年第二期《改革》杂志上。因参与企业劳动组织整顿工作而被卷入社会主义有无失业问题的激辩，是我第一次深入参与的经济理论争论。

### 2. 劳动力市场还是劳务市场

1984—1990年，我曾以中国雇主代表顾问的身份，连续7年到日内瓦参加国际劳工大会，并与国际雇主组织以及一些发达国家和发展中国家的雇主组织开展多边、双边交往。在对外介绍中国劳工政策和劳动关系时，“劳务市场”一词如何翻译成了一大难题。因为党的十二届三中全会文件明确提出“劳动力不是商品”，因此很长一段时间新闻媒体和经济理论界都回避使用“劳动力市场”一词，只提“劳务市场”。但是在对外交往中，如果按字面意思把“劳务”译成“service”，则与我们劳务市场的内涵出入很

1984年6月在日内瓦万国宫参加国际劳工大会

大；如将“劳务”译成“labor”，那就是劳动力市场。我认为从经济理论分析，“劳动力市场”的提法才准确。劳动力和劳务不是一个概念。劳动力是劳动者体力和脑力的支出总和，工资是劳动力的价格。劳务费不仅包括提供劳务服务者的工资，还包括提供服务时所需的材料费、设备折旧消耗等。

1990年，我调到原劳动部国际劳工研究所，之后任原中国劳动科学研究院副院长并主持工作，其间对失业问题的进一步研究也涉及劳动力市场。要让企业自主用工，职工自主择业，失业现象很难避免。再往下推导，必然得出发挥市场配置劳动力资源的基础性作用的结论，“劳动力市场”迟迟不能提出，不仅制约了企业改革，也成为整个市场体系建设中的短板。我认为已经到了将“劳务市场”正名为“劳动力市场”的时候了。

1992年，我提出以培育劳动力市场为主线，全面推进劳动体制改革。我在1992年底的劳动部理论务虚会上做了发言，得到阮崇武部长的支持，我很受鼓舞。在理论务虚会发言稿的基础上我写了一篇《有关劳动力市场的国际比较》，对劳动力市场的共性与特性、竞争性与稳定性、个人行为与组织行为等做了理论分析，提出经济体制改革的深化要求建立劳动力市场。这篇稿子先在1992年底的《国际劳工研究》内部刊物上发表，引起理论界的广泛关注，后被《经济日报》理论版于1993年3月10日、12日连载。《经济日报》编辑事前与我打招呼“研究无禁区，宣传有纪律”，因中央文件还未正式使用“劳动力市场”一词，可否将文章的标题改为《劳动力流动的国际比较》，正文内容不做删改。我同意了。

1993年底，有关方面在研究起草党的十四届三中全会文件，劳动部部长李伯勇把我叫到中央党校，问我“劳务市场”“劳动市场”“劳动力市场”三个概念的使用存在很大争论，用哪个最好。我回答使用“劳动力市场”概念最准确，并立即组织撰写了《关于劳动力资源市场配置的提法问题》一文提供给部领导参考。

当时，反对“劳动力市场”提法的同志认为，既然社会主义条件下劳动力不是商品，那么合理的逻辑推论就是劳动力不能进入市场。一些主张“劳动力市场”提法的同志为此专门论述了在社会主义初级阶段劳动力还是商品。马克思把劳工、劳动与劳动力三者的经济学含义做了严格区分，但西方经济学一般不讨论劳动力是不是商品，只是认为“为了某种原因，把劳动力视为一种商品，它的均衡价格和数量由供给和需求来决定，这是极其有用的”。国际劳工组织的《费城宣言》第一条就声明劳动力不是商品“labor is not commodity”，这句话也可以译成劳工不是商品。我在参加国际劳工组织活动中曾多次问过“劳动力是否是商品”这一问题，得到的答复基本一致——不是商品。但劳动力作为一种要素投入生产之中，由市场配置就存在劳动力市场。我在1994年撰写的《劳动力市场与劳动力商品论》一文中分析了社会主义初级阶段劳动力归劳动者所有，实行劳动者自主择业已经实际赋予了劳动力商品属性，劳动力是否是商品不是劳动力市场的先决条件，只要劳动力的流动不是由计划配置而是由市场调节就存在劳动力市场。

回顾20世纪90年代初期那场关于劳动力市场的理论争

论，我认为并没有把问题讲透彻。例如，当年有的知名国企领导质问，劳动力市场分成劳动力供给方和劳动力需求方，一边是劳动者，另一边是企业家，但我们企业家就是劳动者中的优秀分子，怎么被分裂出去了？这不是明目张胆地分裂工人阶级队伍吗？还有人批判说，不管高级阶段还是初级阶段，社会主义国家工人阶级的主人翁地位是不变的，主人要到劳动力市场上出卖劳动力，符合逻辑吗？这类争论一直持续到今天，并有越演越烈之势。应当承认，经济体制改革至今，往往分析这个问题的时候用西方经济学理论，分析那个问题的时候用马克思主义理论。换句话说，吸取西方现代经济学理论有益部分，进一步发展马克思主义经济学难度很大。打通改革开放以来经济理论与政治理论的逻辑通道，涉

1989年6月在挪威北海石油平台

及深层次的意识形态分歧，我缺乏这方面的理论功底，未敢置喙，一直期盼着有大作问世，以解我心中之惑。

### 3. 职工基本养老保险应不应当搞双轨制

20世纪90年代中期，企业劳动改革实行全员劳动合同制，取消企业中干部与工人的界限，同时在行政机构实行公务员制度，计划经济下长期实行的与行政级别挂钩的企业干部体制有了根本性的改变。这本来是符合政企分开原则的一件好事，但把职工基本养老保险也分别设计，实行双轨制则是十分错误的。企业实行社会统筹与个人账户相结合的制度，机关事业单位仍实行全部由财政支付养老金的社会统筹制度，这两种制度的养老金替代率相差很大。那么，随着经济的发展，双轨运行必然造成企业职工与机关职工之间的养老待遇水平差距过大，这与基本公共服务均等化的方向相悖，必然会引起诸多社会矛盾。

主张实行职工基本养老保险双轨制的同志认为，国际上有这样的先例，如法国等。我从一开始就不赞成搞双轨制。我认为工资制度设计应当把企业与行政分开，但却不应当将社保分开，因为工资属于一次分配领域，社保属于二次分配领域，这两方面遵循不同的原则。一次分配侧重激励，二次分配侧重公平，不应一概而论。法国等许多国家的职工养老保险是从行业保险逐步发展起来的，有它们的历史局限性，实践也证明双轨制度容易造成不同群体的攀比，并不利于劳动力合理流动。

1996年11月6日，《经济日报》上有一篇《社会保障体制改革应统一管理》的访谈录，是对我的专访。我举例说：“武汉某厂一个高级工程师的退休金每月为335元，其妻在一家医院做清洁工，每月退休金却有600多元。同时参加革命工作的老干部，在企业退休和在机关退休的待遇有的相差一倍。”我提出，中国国情不一样，我们的国有企业占比很高，国企与行政机关之间人员流动性很大，职工基本养老保险搞双轨制不符合中国国情。我的观点见报后，不断接到各地企业职工干部的来信，他们反映双轨制造成的问题，特别提到同等条件的干部和退伍军人，在机关退休与在企业退休差别过大，为此上访不绝，地方政府和有关部门花了大量精力去解决。到21世纪初，双轨制所造成的退休金待遇差距，经过五六年的积累已经很大了。2001年，我在“社会保障制度与养老基金管理”国际研讨会上提出“我国职工应在统一制度下养老”。发言见报后，各地企业退休人员的来信又堆满了我办公室的书柜。

2004年温家宝总理主持会议，征求经济理论界对政府工作报告的意见。我提了4点修改意见，着重谈的就是统一城镇职工基本养老保险问题。我说双轨制不仅造成企业退休人员的极大不满，还将成为企业剥离社会职能的障碍，企业办的学校、医院要社会化，首先就碰到养老保险待遇不衔接的问题。下一步事业单位改革，也要求尽快建立统一的城镇职工养老保险制度，机关和事业单位退休人员应当同样实行社会化管理，这是完善社会保障体系中应该尽快解决的问题。我还举了美国、日本等国家并轨的例子。1984年以前，美国私人企业和公共部门也是两种养老保险制度，1984年之后，两者统一成了联邦养老保险，在这个基础上再搞401K（企业补充养老保险）和公务员的附加养老保险。日本在1986年把过去分设的公务员、企业雇员和个体经营者养老保险制度统一设计，建立了覆盖全体劳动者的国民年金。

2011年，我在全国政协与一些同志联名提案，建议尽快统一城镇职工基本养老保险。2004—2011年国家连续8年提高企业退休人员的退休金，但并未抚平他们的不满，根本原因就在于双轨制度设计有问题。我在全国政协小组会讨论时说，企业退休人员养老金八连升是好事，但有扬汤止沸之感，不如釜底抽薪，实行制度并轨。人力资源和社会保障部的同志为这份提案专门召集有关社保学者讨论，到会专家一致赞成并轨。到2017年，国务院决定改革机关事业单位职工基本养老保险制度，按企业职工基本养老保险的制度框架设计，终于实现了基本养老保险制度的并轨。从1996年我公开在《经济日报》发表文章算起，曾被我批评为两个“八年抗战”（现改为“十四年抗战”）都打不倒的双轨制真的被打倒了吗？如果看基本养老保险部分，确实并到社会统筹与个人账户相结合的一个轨道上了，但在补充保险部分，职业年金是强制参加的，企业年金是自愿参加的，这仍然引起企业退休人员的不满。这个问题还有待进一步研究解决。

职工基本养老保险搞了20年双轨制，职工基本医疗保险为什么没搞双轨制？这是原国务委员彭佩云同志的一大功绩。彭佩云同志当时担任国务院职工医疗保险制度改革领导小组组长，1994年从江苏镇江、江西九江“两江”医改试点抓起，为制定统一的职工医疗保险制度做准备。我是1995年底调到国家体改委的，兼任国务院医改办主任。在讨论职工医疗保险制度改革方向时，也有人主张把企业和机关分开，因为医保基金的筹集渠道不一样，机关是财政出钱。彭佩云同志坚定地表示，一定要建立一个包括企业、机关、事业单位的统一的城镇职工基本医疗保险制度。在这个问题上，我坚决赞同彭佩云同志的意见。尽管在实际工作中，机关、事业单位的基本医疗保险制度改革相对滞后，一些地方迟迟没有按文件精神并轨，但机关、事业单位与企业的职工基本医疗保险改革方向、制度设计是一致的，因此在这方面的推进就比较顺利，从未引起大型群体性事件。

### 4. 如何评价职工医疗保险制度改革

2005年，国务院发展研究中心一个课题组发布研究成果，认为自“两江”医改试点以来的医改不成功。主要理由是医院以药养医的财务机制导致医德医风败坏、职工个人负担过重、一些地方全部卖掉公立医院等。课题组认为，导致这些问题的根本原因，是医改选择了一条市场化道路，而公共卫生与医疗服务是市场失灵的领域，应当强调公益性。课题组对前阶段医改的批评十分严厉，可以说，之前近10年的医改大方向错了。

课题报告公开发表后，在社会上引起很大反响。因为我曾担任国务院医改办主任，1998—2002年又担任“医、保、药三项制度改革”部际协调小组工作班子负责人，所以当时不少媒体找我采访。我婉拒了所有媒体的采访，觉得自己出面有自我辩解之嫌，且这个课题组的几位成员都是我多年好友，私下交换一下意见算了，相信将来自有公论。后来有人托话，说我可以以学者身份评论一下国务院发展研究中心的这个课题报告，于是我应邀参加了几个学术团体组织的医改研讨会。我说，课题报告中指出的医保、医疗、医药方面存在的问题，我过去在很多场合都反复讲过，但是，对于医药卫生体制改革总体不成功这样一个结论，应该再斟酌一下。这个结论在社会上反响很大，引起了相当一部分社会群体的共鸣，在一定程度上反映了群众对医药卫生体制现状的不满。但我们从事理论研究的人，对这个结论要做深入具体的分析。

第一，要明确医药卫生体制改革是在什么背景下启动的。与企业改革相比，医药卫生体制改革相当滞后。从全国来说，医疗保险制度改革1994年开始“两江”医改试点，1996年扩大试点，1998年底才制定统一的城镇职工医疗保险制度。医药卫生体制改革2000年提出指导意见，2001年启动。农村卫生改革则是2002年底才出台新的政策，2003年就换届了。这两年在医药卫生体制改革方面进展相对缓慢。我国医药卫生体制改革正式启动时，经济体制改革已经进行了近20年，经济和社会环境发生了巨大变化，计划经济体制下形成的劳保医疗和农村合作医疗已经基本不存在了。劳保医疗从“文革”起就是企业自保，到20世纪80年代中期开始企业改革，国家不再统收统支，企业自负盈亏，经营不好的国企没钱给职工看病，一个病人拖垮一个企业的例子多得是。同时，快速发展起来的民营经济根本没有医疗保险，因为计划经济体制下的医疗保险和卫生制度几乎没有对私人经济组织的服务内容。在农村，原来的合作医疗随着人民公社的解体而失去了存在的经济基础，赤脚医生到20世纪90年代中期已不存在。我们可以怀念20世纪50年代医药卫生制度的许多成绩，但那是建立在计划经济体制上的，到了20世纪90年代中期已经不适用。当时面临的形势，从医疗需求方看，许多职工因企业经营不善而无钱看病，看了病报销不了，职工手里攥着一大把报销条。从医疗供给方看，一些地方盲目把医院当成企业，要求医院向财政上交收入，更多的是允许公立医疗机构创收，以减少财政负担。别说医院，当时还有要求行政部门创收的事例，以便政府有更多的资金投入生产领域，大干快上，提高GDP。由于医院有创收动机和手段，而机关、事业单位和一些垄断行业的职工可以敞开报销，再加上“斗私批修”“狠斗私字一闪念”年代不可能出现的收受红包，医患合谋把电饭锅、电风扇等当药品报销，我国职工医疗费用从1978年的27亿元增长到1997年的774亿元，20年内增长了近28倍，远远超过GDP和居民收入的增长幅度。医药卫生体制改革就是在这样的背景下提出的，不是直接改计划经济卫生体制。

第二，医药卫生体制改革的基本原则是什么？国务院发展研究中心课题组对下一步医药卫生体制发展设定的目标，比如中国只能搞低水平的医疗服务，要重点考虑贫困群体，医院不能搞市场化改革，等等，与2000年国务院关于医药卫生体制改革的指导意见没有多大实质性差别。职工医疗保险制度改革的总体思路就是低水平、广覆盖。医药卫生体制改革明确提出我国卫生事业是政府实行一定福利政策的社会公益事业；明确举办医疗机构要以国家、集体为主，其他社会力量和个人为补充；明确国家要保证对公立医疗机构的投入，公立医疗机构不能搞一院两制；等等。其中的难点问题，就是解决多年来形成的以药养医机制。但搞实际操作，不像理论设想那样可以一步到位，解决以药养医问题需要调整政府过多包揽的医疗资源，否则政府对公立医疗机构的投入就只能撒芝麻盐。可是，调整医疗资源又谈何容易。医疗机构在我国是事业单位，而整个事业单位的改革至今还没有整体推开。这些问题可以说刚刚破题，正在推进，而原来多年滞后的医药卫生领域许多问题积重难返。应当承认，尽管提出了改革目标，但是推进阻力仍然很大，就说以药养医，不仅问题没有得到解决，还有些变本加厉。加上一些地方GDP挂帅，医药卫生体制改革没有被摆到重要议事日程，有的地方甚至把国有企业下岗分流人员硬性安排到医院，以便完成失业率控制指标。这反映了医药卫生体制改革这一世界性难题在一个体制渐进转轨和二元经济结构国家中艰难探索的过程。

针对国务院发展研究中心课题报告提出的医改“本应当切断医院、医生收入与药品销售收入之间的联系，实施医药分开”“中国的医药卫生体制改革却逆向而行”这一结论，我指出，没有任何一份国务院医改文件提出了这种“逆向而行”的政策。恰恰相反，切断医院、医务人员收入与药品销售收入之间的联系，自2000年医药卫生体制改革以来就一直是作为关键环节提出来的。我个人早在1996年“两江”医改试点的时候就提出来了，并与当时卫生部医改司的一位司长商榷以药养医和以药补医两种提法哪种更准确。我认为大医院的药费收入占总收入的70%以上，应当用以药养医的提法。

我多次在相关研讨会上表示，与其说医改总体不成功，不如说医药卫生体制改革起步晚了、力度小了、进展慢了，多年积累的问题至今迟迟没有得到解决，因而各方面有意见是合理的。当务之急是政府要从片面追求GDP中解脱出来，加大对公共产品的投入，同时，加大社会事业包括医疗卫生事业方面的改革力度，加快改革进度，尽快解决2000年就已经明确提出要解决的以药养医问题以及由此产生的一系列弊端。跳过中国医药卫生体制改革在20世纪90年代中后期实际启动时面临的困境，撇开中国渐进式改革所形成的复杂的社会经济背景，直接与计划经济体制下的一些指标简单对比，得出改革总体不成功这样的结论，这种提出和分析问题的方法值得商榷。

第三，更为重要的是，我不赞成简单地把中国的医药卫生制度改革说成以市场化为主导，并据此加以否定。国务院多个医改文件明确了我国卫生事业是政府实行一定福利政策的社会公益事业，举办医疗机构要以国家、集体为主。一些地方为了减轻财政负担，卖掉全部公立医院或乡镇卫生院，这并没有得到中央认可。在指导思想上，从来没有说过医药卫生体制改革以市场化为主导。相反，一再强调医疗机构的改革与企业改革有重大区别，企业是要推向市场的，公立医疗机构则是引入竞争机制。

医药卫生事业要不要引入竞争机制？我认为是必要的。这方面我们做得还不够。到2005年，95%～98%的医疗资源还是由国家控制，医院的管理体制还是国家办国家管。国外也有公立医院，但与我们计划经济时期的医院管理模式不一样。加拿大是政府管医疗比较多的，但是蒙特利尔公立医院近年来关了四五家。我在访问加拿大时，问他们医院关了医生怎么安置，他们说只有一两个医院管理人员需要安置，医生护士都是自由职业者，不存在安置问题。澳大利亚的社区服务站我看了好几个，医生都是自由职业者，是政府拿钱购买社区服务。要按这种公立医疗机构的管理模式来改造我们的医院，在引入竞争机制方面我们还差得远。其实，从计划经济下国家基本全部控制医疗资源的模式转到适应社会主义市场经济要求的医疗卫生模式，有一定的市场机制引入是完全正常的。我坚持认为医疗资源一定要调整，要按照公立医疗机构、民办非营利性医疗机构和民办营利性医疗机构三大类型改造现有的医疗机构。这种分类是国际通行的，但不同国家的比例不同，我国至少应当逐步把40%的医疗资源转为民办民营，到那时竞争的局面就大不一样了。

2006年3月，在中国经济体制改革研究会举办的一次研讨会上，我重申了上述观点，并说通过一年多关于医改是否成功的争论，进一步认识到医改作为世界性难题，我们对它的难度可能至今还认识不足。具体问题说一天也说不完，如基本医疗保险搞个人账户究竟起多大作用？以药养医背景下药品招标采购能起多大作用？基本医疗服务如何界定？医保基金支付模式究竟哪一个更合理？要解决以药养医问题，财政应如何补足公立医疗机构的收入？如果一部分公立医疗机构民营化，那么原来事业单位的养老保险如何和企业衔接？

如果公立和民办非营利性医院医生的工资不能直接与药品销售收入挂钩，那么工资报酬如何确定？等等。但我感到最困难的不是这些具体问题，而是一些超出了医改范围却对医改有着重大制约作用的问题。

一是多年来我国改革一直是以国有企业改革为中心环节，其他改革是围着这个中心环节转的，医改也不例外。这样，设计改革方案时必然首先考虑减轻国有企业负担，考虑国有企业职工。这时政府侧重站在国有企业所有者的角度考虑问题，而没有从社会管理者的角度统筹考虑全社会各类人员的医疗待遇。不仅医疗保险，其他社会保障项目都存在类似的问题。这是我国社会保障待遇在不同人群中差别过大的一个重要原因。在制订方案时，也考虑了逐步扩大覆盖面，但首先要解决的还是国有企业问题。

二是解决以药养医和农村医疗问题，都涉及财政负担。从财政方面来说我们还是发展中国家，不可能包揽现在这样庞大的医疗队伍。许多地方说连公务员工资都发不出去，医院不靠卖药赚点钱，财政补不起。我想想这也有些道理。一次到某县调研，县长算了账，说农村合作医疗县里可拿不出钱。但是县里的宾馆和北京的五星级饭店差别不大，还要搞一流的高尔夫球场，为招商引资创造条件。搞这些怎么就有钱了呢？县长说你问到点子上了。他说全国公款吃喝多少钱？公车消费多少钱？别说取消公车，如果国家规定各级领导干部配的公车一律降低一级标准，就够8亿农民每人10元的政府补助了，最多不就80多亿元吗？但是这办得到吗？公车不超标就谢天谢地了。

三是涉及广大民众的医药卫生体制改革，在制订改革方案时如何做到科学民主决策？我们是多个部委组成的工作小组，也广泛听取了专家的意见，我认为这比领导个人拍板已经进步很多了。可是在一次国际研讨会上，哈佛大学一位著名的医疗保险专家说，所有这些部门，都只能代表政府，而被这项改革实际触动切身利益的工人和农民的声音是否通过这些部门就能真正反映出来呢？他认为不一定。我想了想，这位专家说的有一定道理。比如，一些省内部规定司局级干部可以暂不参加医改，到了地市，处一级干部可以例外。说是暂时，一拖就拖到现在。又如，早就明确机关和事业单位职工要参加1998年制订的统一的医疗保险方案，但在实施步骤上也是一拖再拖，至今也没有动，只有广大企业职工享受着新的医疗保险。让老百姓讨论这样的方案或实施步骤估计不会通过。问题在于怎样才能真正反映基层群众的呼声。

顺便说一句，我当时对于一些社会调查也感到迷惑。2003年有一个《光明日报》《经济日报》《中国消费者报》联合组织的读者问卷调查，结果是：86.1%的人对医疗改革非常满意和比较满意，82.1%的人赞成病人选医生，52.9%的人认为看病得到的服务超过自己所支付的费用。我当时就对这一调查反映出的医改满意度感到疑惑。仅仅两年后，有媒体调查，结果是98%的人都反对医改，对此我仍然感到疑惑。虽然可以肯定当前群众不满的情绪很大，但不过才两年的时间，86%的赞成票就倒过来成了98%的反对票？我们的媒体能真实反映群众的意愿吗？

现在回顾10多年前我被动参与的这一场医改成败争论，

我发现自己的一些观点阐述得并不够严谨，但我对医改进程的基本评价和医改应遵循的主要原则并没有变。我知道，理论界至今仍对我国医改的方向存在很大争议，例如，在如何理顺医疗服务领域政府与市场的关系方面就存在截然对立的观点。希望我谈的一些自己从事医改的切身体会，能够为研究医改的同志提供一点参考。

### 5. 是否只有GDP增长8%以上才能保就业

从20世纪90年代中期至2012年左右，在长达15年的时间内我国一直以保8%的GDP增长为宏观调控的首要目标，这在当时的经济发展阶段有一定的合理性。但当中央在2003年提出科学发展观，对单纯GDP挂帅有了初步反省之后，一遇到经济波动，又把保8%的GDP增长作为年度经济工作首要目标提出来，就值得商榷了。2009年，我在全国政协经济委员会小组会上提出：“现在各地都在加大投资，中央也在加大投资，在加大投资这一点上，中央和地方高度一致。加大投资为了什么？要保8%的GDP增长。为什么前两年批了GDP挂帅，现在又要保GDP？许多人说现在和过去不一样了，现在落实科学发展观，保8%不是GDP挂帅，而是为了保民生，保就业，如果没有8%的GDP增长就解决不了就业问题。这似乎成为政府部门与经济学者的共识，成为中国经济发展的规律。绕了一个弯，最后还是落实到保GDP。实际情况是不是这样呢？需要进一步研究。”我说，没有任何经济理论和经济发展史可以证明一个国家的GDP必须有8%以上的增长才能保就业，我国目前需要8%以上的GDP增长保就业，说明我们选择了一条就业弹性很低的经济发展路径，这对世界第一人口大国是难以为继的。

第一，就业弹性过低导致中国就业形势严峻。中国就业形势严峻，其中一个重要的原因是中国的就业弹性（指就业增长率和GDP增长率之比）呈下降趋势。中国的就业弹性是过低的，国家统计局提供的数据表明，20世纪80年代，我国GDP每增长1个百分点可以拉动200多万人就业，这一数字到20世纪90年代下降至100多万人，21世纪以来基本徘徊在100多万人，有的年份只有80多万人。目前我国的就业弹性大致为0.1。据国际劳工组织的相关研究报告，我国的就业弹性不仅低于OECD（经济合作与发展组织）各国、G7（七国集团）各国，也低于墨西哥、菲律宾、新加坡、巴基斯坦、缅甸、土耳其、马来西亚、印度尼西亚、印度、泰国等国家。

就业是影响全局的问题，而我们在经济高速发展的过程中，就业弹性不断降低，要解决就业问题就必须有很高的经济发展速度，这也是多年来要力争经济增长8%的原因所在。我们总是不认真研究如何提高就业弹性，只是依靠提高GDP的增长来保就业，这恰恰是靠投资拉动的粗放型经济增长方式的路径依赖。

第二，三大因素阻碍就业弹性的提高。为什么我们的就业弹性会这么低？结合中国的实际情况，有三大因素值得关注。

一是产业结构调整迟缓，近10年来，可以大量容纳就业的第三产业产值比重长期停滞在40%左右。二是收入分配失

2008年参加中国经济50人论坛田横岛会议

衡，我国职工工资总额占GDP的比重一直呈下降趋势。国民收入中用于雇员的工资比重下降，必然严重影响就业总量。三是垄断行业职工平均工资过高，在一国工资总量既定的情况下，一部分职工工资过高，也会影响就业总量。

第三，促进就业应为近期宏观调控的首要目标。无论是与发达国家比还是与一般发展中国家比，我国当前的国民收入分配结构、工资福利的行业结构、三次产业的劳动力结构，都不利于扩大就业。在就业弹性极低的平台上，庞大的城镇新增劳动力与农村富余劳动力又给经济施加了巨大压力。其实，如果就业弹性恢复到20世纪90年代的水平，GDP增长4%就可以提供现在增长8%的就业容量；如果就业弹性达到发展中国家的平均水平，GDP增长2%～3%就可以容纳现在增长8%的就业容量。

鉴于我国综合国力有了很大提高，但就业弹性不断降低的情况，可以适时调整宏观调控四大目标的先后顺序，把促进就业摆到优先地位。明确提出促进就业是近期至中长期宏观调控的首要目标，围绕这一目标下大力气：调整收入分配结构，提高劳动报酬在GDP中的比重；调整三次产业结构，提高服务业的就业比重；加大国有资本经营预算改革力度，加快行政性垄断行业改革；完善对民营经济的金融服务，促进中小企业发展。这不仅有利于经济增长模式的转变，提高居民消费水平，更有利于缓解因收入分配差距过大造成的社会矛盾，实现经济社会的可持续发展。

我的上述观点得到全国政协经济委员会的好评，我被推荐在2009年7月13日召开的专题协商会上发言，会后新华社记者还对我进行了采访。有趣的是，第二天一位全国政协委员告诉我，《人民日报》报道了这次政协专题协商会的情况，但23个发言者中只有我1人未被提及，他担心出了什么问题。我打电话问全国政协经济委员会办公室的同志是否我的发言被领导批评了，他们说没听到。办公室的同志当即查看了7月14日的《人民政协报》，说报道了我发言的主要内容，看来没问题。有人建议我问问《人民日报》为什么不发表我的发言。我说可以理解，就是那个8%惹的祸。在2010年中国经济50人论坛与新浪网共同举办的长安讲坛上，在中国就业促进会年会以及许多论坛上，我都论证只有8%的GDP增长才能保就业的共识其实是一个长期存在的理论误区，到了该彻底摒弃的时候了。2015年4月8日《人民日报》（理论版）、《大家谈》栏目发表了我的文章《把增加就业作为宏观调控主目标》，我自己认为是还了当年的账。

### 6. 县长该不该是公司经理

2013年8月，《人民日报》发表了一篇由我署名的文章

《县长不该是公司经理》，批评地方政府公司化倾向。这篇文章是根据我在《人民政协报》首期财经智库沙龙上的发言摘编的。在那个沙龙上，与会同志对如何评价地方政府的GDP竞争发生了激烈争论。一些同志说，以经济建设为中心，地方政府当然要抓经济，而反映经济总体水平的指标就是GDP。反对的意见认为，以经济建设为中心，并不意味着政府直接干预经济，政府应侧重提供公正、公平、公开的市场竞争环境，让企业自主经营。我是坚决反对地方政府GDP竞争的，在计划经济体制下把企业办得像政府，现在却把地方政府办得像企业，怎么发挥市场配置资源的基础性作用？我提出尽快废止省地市等地方政府的GDP考核指标，强化地方政府对宏观管理、市场监管、公共服务等方面的职能。

其实，我在从事医改工作的过程中就对地方政府职能问题有了一些思考，觉得地方政府在GDP竞争的强大压力下，只顾经济增长，忽视社会建设，公共服务投入不够，甚至强令医院创收，这并不符合社会主义市场经济的要求。2003年国务院体改办合并到国家发展改革委，我任党组成员兼宏观经济研究院院长，对地方政府GDP竞争有了更全面的了解。2004年，我提出防止地方政府政绩与企业利润“双冲动”造

2010年在中国人民政治协商会议上发言

成经济过热和重复建设。我认为，我们的宏观调控与发达市场经济国家的宏观调控有很大区别，他们是政府调控市场，而我们在很大程度上是中央政府调控地方政府，因为地方政府实际上充当了资源配置的主体。原国家计委副主任房维中同志看到我的文章后，找我谈。他说，现在不仅有中央政府调控地方政府的问题，还有地方政府调控中央政府的问题。地方的指标从来都远高于中央的指标。以“十二五”规划中GDP增长指标为例，中央是7%，而各省制定指标的加权平均达到10.5%，11个省市“十二五”期间GDP要翻番，年度增长要达到14%。这样就难免出现地方煤电油运紧张的局面，因为中央是按7%增长打的煤电油运大盘子，而地方盘子比中央盘子高出30%以上。到了工厂拉闸限电影响生产，夏天空调开不了影响民生的时候，中央只好为各地“大干快上”增加煤电油运。后来我才知道，房维中主任在20世纪90年代就多次提出，我们既不能搞高度集中的中央计划经济，也不能搞分散管理的地方计划经济，地方政府的GDP竞争将造成重复建设，并成为政府行政职能转变滞后的重要原因。

2011年，中国宏观经济学会和中国经济体制改革研究会共同举办了“政府与市场”研讨会，侧重研究地方政府GDP竞争问题。房维中主任和我作为宏观经济学会和体改研究会的会长主持会议，高尚全、吴敬琏、林兆木、张卓元、迟福林、常修泽等学者在会上都表示不赞成地方政府的GDP竞争。会后，体改研究会整理会议发言稿，出版了《政府、市场、模式研究》一书，明确提出深化经济体制改革必须进一步理顺政府与市场的关系。

但理论界对地方政府GDP竞争的认识是大相径庭的。一些经济学者在分析中国经济高速增长的原因时，把地方政府竞争摆到了第一位。有的论证中国经济奇迹的“密码”恰恰在于地方政府的竞争，这既与欧美不同，也有别于日本及“亚洲四小龙”。最早从经济理论上解释中国模式不仅优于西方模式，而且优于东亚模式的，是美国学者拉莫等人，他们在21世纪初就指出中国之所以优于东亚，就在于中国的地方政府相互竞争，充满了经济增长的活力。其后，中国香港的张五常教授在2009年出版的《中国的经济制度》一书中提出，县域竞争是中国经济高速增长的密码。他认为：“由于县的经济权力最大，这一层的竞争最激烈……今天的县无疑是一级商业机构了。性质类同的商业机构互相竞争，是县与县之间的激烈竞争的另一个理由。”在探究县域竞争成因方面，张五常教授指出：“实际上县的制度对鼓励竞争犹有过之。这是因为县要对上层作交代或报告。上层不仅鼓励竞争——他们强迫这竞争的出现。”我认为这句话他倒是说对了，县域之间的激烈竞争并不是县长们自己想竞争，是体制和政策环境造成的。

2013年，上海经济学者兼成功企业家史正富出版了《超常增长：1979—2049年的中国经济》一书，提出：“在中国，尤其是市县两级政府，长期在经济发展的第一线竞争拼搏，已经成长为与企业界共生互动的有生力量，成为中国经济社会发展的发动机之一。” 目前在中国，“地方政府作为经济主体参与市场竞争形成三大市场主体”。这三大市场主体分别是中央政府、企业化的地方政府和企业。而中国在

2013年参加中国发展高层论坛

经济超速发展中形成的“现行三维市场体制与西方常规市场体制相比，确实具有优越性”。对《超常增长：1979—2049年的中国经济》一书，林毅夫教授等几位著名经济学家给予高度评价，认为是中国经济理论的创新。2013年7月，上海一个基金会举办了小型内部研讨会，邀请我和史正富当面辩论地方政府职能问题。我很高兴与会，并且对这种开诚布公的思想碰撞表示赞同。仅这次会上的印象，我感觉史正富同志是有相当学术功底的，讨论问题的态度也很诚恳。但在地方政府GDP竞争问题上，我们谁也没有被对方说服。因时间有限，参加这次研讨会的同志没有全都发言，给我的印象是支持史正富同志的占多数。史正富同志本人有投资业务，他举出不少案例说明地方政府在促进经济发展方面起到了积极作用，也很有说服力。

我并不否认地方政府竞争曾极大地调动了地方各级干部的积极性，为中国经济高速发展做出了贡献。在人均GDP 200多美元，物质财富极度贫乏的时候，大家都希望经济发展得快一点。那时候邓小平同志提出国民生产总值翻番，大家一致赞成，各项经济政策以及干部考核指标也是最大限度激励GDP增长的，这在特定历史阶段有一定的合理性。但同时也要看到地方政府竞争极大地扭曲了市场配置资源的机制，付出了过高的资源、环境成本，同时压低了劳动力成本，并提供了巨大的权钱交易空间。面临新的发展阶段，地方政府GDP竞争的局限性日益凸显，早已弊大于利。

2014年2月，在中国经济50人论坛年会上，我再次提出中国进入中高收入阶段，经济发展不能被低收入阶段的发展路径所锁定，必须扭转地方政府GDP竞争方式，理顺政府特别是地方政府与市场的关系，并相应理顺中央政府与地方政府的财权事权关系。其后中国经济体制改革研究会设立课题组，由我担任组长，专题研究地方政府GDP竞争的得失，并于2014年9月出版了《地方政府公司化研究》一书。课题分析了中国地方政府公司化倾向产生的历史背景及其演化过程，以大量案例说明地方政府公司化是一种不可持续的增长模式，现在已经到了必须摒弃的阶段。

近几年来，随着经济从高速增长向高质量增长的转变，逐步落实创新、协调、绿色、开放、共享五大发展理念，那种党政工团齐动员、招商引资保增长的现象已经有了很大改变。但是，长期形成的增长惯性依然存在，工作路径依赖依然严重，一些地方还在分解下达经济增长指标。对地方政府

GDP竞争究竟如何评价也仍然存在争议。2018年4月，一个影响较大的网站，为纪念改革开放40周年，对百名经济学者进行调查。其中有一项是："你认为中国经济高速增长的原因主要是哪些？"调查表列出了10多个方面让经济学者选择，其中第二项就是地方政府竞争。调查表虽然没有注明是地方政府的GDP竞争，但显然不是指地方政府在提供公共服务或市场监管方面的竞争。看来，地方政府的作用该如何定位，仍然是一个需要深入讨论的问题。

### 7. 政府是否应当干预一次分配

2010年3月我在全国政协大会上发言，讲到要提高劳动报酬在初次分配中的比重，有位经济学家见到我，说你一直主张市场为导向的经济体制改革，怎么今天忽然提出要提高劳动报酬在初次分配中的比重呢？初次分配是由市场决定的，政府只能搞社会保障等二次分配。之后又看到《比较》杂志发表了《再分配与不平等——香港案例对内地的启示》，提出政府不能干预一次分配。也有学者在《第一财经日报》发表文章，还有一些经济学家在研讨会上发言，认为解决收入分配问题，政府主要甚至只能在二次分配上做文章，一次分配交给市场，政府不要干预。这使我回想起21世纪初关于农民工工资问题的争论，一些经济学者举例，广东省20世纪90年代10年经济高速发展，但农民工的平均工资几乎没有增长，而另一些经济学者认为这正是市场决定工资的规律在起作用，农民工近乎无限供给，他们的劳动力价格自然要被压低。不错，我是一直赞同市场导向改革的，但我并不认为中国在经济高速发展阶段劳动者工资占比大幅下降的原因就是市场机制起了作用。为此，我写了一系列文章阐明自己的观点。

政府不要过多干预一次分配，这对成熟的市场经济国家不能说没有道理。因为发达市场经济国家政府确实很少直接干预一次分配，它们主要是在税收、社会保障等二次分配方面做一些政策调整。但中国的劳动力市场还处在转型过程中，不能把一次分配市场化程度估计得过高。中国的劳动力市场是不是很成熟的市场？是不是已经发展到可以有序而完善地调节收入分配了？这些都需要分析一下中国劳动力市场的特点。我们的劳动力资源配置方式，从计划经济下的政府行政配置，向发挥市场配置的基础性作用转变，是不是到位了？从这个角度看，中国劳动力市场的发育，远远没有达到可以在一次分配中很好地发挥调节工资水平，或者说调节劳动力供求关系的作用。我国劳动力市场发育并不完善，你完全交给市场，但市场本身并不健全，而对于培育健全的市场，政府是有责任的。因为我们是在政府主导下的渐进转型。我当时认为，解决初次分配存在的问题，政府至少在四个方面要干预，要负责。

第一，农民工工资在初次分配中被过分压低。如果按照国际通行的一国公民平等就业的原则，农民工的工资现在这么低是没有道理的。从事同样的工作，城市职工比农民工工资高1倍甚至2倍。2008年，在广州、深圳、杭州、南京、东莞、上海、无锡、苏州、宁波等长三角、珠三角9个城市出口加工企业中，农民工平均工资与当地城市职工平均工资相比，很少超过40%，差别最大的东莞，城镇职工平均工资每月3293元，农民工是971元，农民工工资不到城镇职工工资的30%。国际上最低工资标准一般是社会平均工资的40%～60%，这意味着东莞等地农民工的工资连最低标准都达不到，难怪他们要用脚投票，闹民工荒。多项研究成果显示，如果按现代劳动力市场规律办事，反对就业歧视，实行同工同酬，上亿农民工每年至少可多得3000亿～5000亿元，大大强于免除农业税、家电下乡补贴等惠农措施。多年累积下来，仅农民工工资欠账这一方面，对扩大消费、缩小城乡差距的影响就极其巨大。

农业劳动力转移远没完成，农业部、人力资源和社会保障部的统计调查数据都说明农业富余劳动力未来还可以转移1.5亿～2亿人，部分城市闹民工荒，相当程度上是农民工的劳动报酬被压得过低了。我认为，城乡劳动力市场的行政分割致使中国的刘易斯拐点至少提前了10年。是什么造成了这种现象呢？恰恰是我们用行政手段，比如实行城乡分割的户籍手段，以及与户籍密切关联的社会保障等公共服务体系的城乡分割，长期割裂了劳动力市场。这个问题，市场自己调节得了吗？显然，改革户籍制度以及相关的社会保障等公共服务体系是政府的责任。

第二，初次分配中行业收入差距过大。根据2010年国家统计局公布的数据，中国证券业的平均工资比职工平均工资高6倍左右，收入最高行业和收入最低行业的差距达11倍。人力资源和社会保障部劳动工资研究所发布的最新数据显示，这一差距又扩大到了15倍。如果把证券业归到金融业一并计算，行业差距也高达6倍。

在讨论垄断行业收入的时候有人说：垄断行业效率好，职工工资高。垄断行业创造的财富很大，而且垄断行业的工资占比低。这就是市场竞争造成的，效益好的工资高，你还能搞平均主义？你还能规定各个行业的平均工资水平？还能像计划经济时代那样？但是，我们的行业差距是不是由市场竞争造成的呢？仅自己跟自己比还真是不好说，我们对比一下其他市场经济国家的行业收入差距就会得到启发。根据人力资源和社会保障部国际劳动保障研究所提供的资料，2006—2007年，最高行业和最低行业的工资差距，日本、英国、法国约为1.6～2倍，德国、加拿大、美国、韩国在2.3～3倍之间。日本在经济起飞的后期，20世纪80年代，金融行业平均工资只是制造业的1.38倍。这些国家金融行业的高工资并不是由其行业的特殊性所造成的，而是由于金融行业对知识的要求比较高，从业者受教育年限较长，付出成本较高，因而要求的回报也相应较高。在比较成熟的市场经济国家，劳动力自由、合理流动，行业工资差距其实是各个行业从业人员平均受教育程度的差距。从目前的资料看，中国行业收入差距已经超过巴西，居世界之首。如此巨大的行业收入差距是市场竞争的结果吗？显然，很大程度上是由于市场准入方面的行政限制所引起的。国家发展改革委就业和收入分配司编辑的《中国居民收入分配年度报告（2008）》分析认为，行政性垄断行业的收入有三分之一是靠各类特许经营权获得的。深化行政性垄断行业改革当然是政府的责任。

第三，初次分配过程中集体协商机制不健全。在供大于求的条件下，一般劳动力价格会被压低，工资水平相对较低有其部分合理性。但是，现代劳动力市场中的工资水平不仅受到供求关系的影响，还受到劳资集体谈判的影响。自1949年国际劳工组织通过集体谈判公约后，集体谈判就成为市场经济国家调整企业工资福利的通行规则。但我国尚未形成完善、有效的集体谈判机制。正如2010年全国人大常委会执法检查组关于检查《中华人民共和国工会法》实施情况的报告所指出的，企业工会干部大多数是企业的中高层管理人员，这种情况造成工会干部很难真正代表职工的利益。在2011年“南海本田罢工”事件中，当地工会公开站在雇主一边，要求工人立即复工并与罢工工人发生冲突，被学者称为“世界劳工史上的奇闻”。可以说，工会组织为劳动者维权的作用尚未充分发挥，是我国劳动报酬比重低于一般市场经济国家的重要原因。由于缺乏有序、有效的集体谈判机制，我国企业内的劳资纠纷多以无序方式展开，其中集体争议案件大幅度上升，已成为影响社会稳定的重大因素。

此外，我国雇主组织的作用也远没有到位。劳动力是跨企业、跨行业流动的，如果集体谈判仅局限于单个企业中的职工与雇主之间进行，很难避免攀比效应，多数情况下会推动工资福利的过多增长。要协调行业的工资福利水平，进而协调不同行业的工资福利水平，就要建立跨行业、跨地区的处理劳工关系的雇主组织。集体谈判并不仅仅有为工人增加工资的作用，它实际是现代劳动力市场上劳动力供求双方集体讨价还价的机制，雇主们组织起来还有抑制工资上涨的作用。1986年我到新西兰学习劳工关系，参加了新西兰中央4个地区的集体谈判全过程，银行工会、木工工会、电工工会、司机工会等分别提出了自己要求增加工资的幅度，最后达成协议为不超过6%～7%，而一开始有的行业工会提出11%的增长幅度。我很奇怪政府为什么从头到尾没有直接参与工会与雇主的谈判，之后被告知，在劳工法框架下，不发生大的劳资冲突，在处理劳资关系方面政府是相当超脱的。后来我到日本，又知道日本政府也是不直接参与每年的“春斗”的，“春斗”不是工会与政府斗，而是工会与雇主组织斗。因为国家养老金改革，法国工会罢工，那倒是针对政府的，但这不是日常的劳资关系。你不能说因为有了法国的工会罢工，中国就不能搞集体谈判了，正如你不能说因为美国搞市场经济出了金融问题，中国就不能搞市场经济一样。

第四，规范初次分配的劳动法律、法规没有得到很好的贯彻。例如在最低工资、最低劳动条件确定等方面，政府虽然有相关规定，却疏于执行和监管。多份调查材料显示，强制超时加班、泛用学生工、非法使用童工、私了工伤事故、无视劳动保护条件等违法违规的事情经常发生，许多已有的劳动法律、法规及有关规定得不到落实。拖欠工资，特别是拖欠农民工工资至今时有所闻。

一些地方政府领导为追求任期内的GDP增长，过分强调招商引资，对严重违反劳动法律法规的现象疏于监管，也压低了一次分配中的劳动报酬。我参加过人力资源和社会保障部就业促进协会的一个会议，会上有人举了两个例子：一个是沿海某省给省人力资源和社会保障厅下辖的人力资源公司下达指令，命其必须以低于全国平均工资的水平保证为某外商企业招农民工，完不成任务就吊销人力资源公司执照；一个是某省规定一些职业学校的学生必须到某台资企业实习，不实习算你没完成学业。由此看来，有的地方政府过多地干预了初次分配，而且是过多地偏袒资方。从这方面的实际问题出发，进一步完善收入分配、劳动保护方面的法律法规并严格执行，完善劳动仲裁和法律援助机制，为劳动者获得合法收入提供法律保障，是政府在一次分配中不可推卸的责任。

仅这四个方面就说明，在提高劳动报酬在一次分配中的比重方面，政府可以有所作为，而且必须有所作为，但主要不是依靠层层落实行政指令的方式去作为，而是要在完善社会主义市场经济体系上下功夫，加快城乡统一劳动力市场的建设，加大行政性垄断行业的改革力度，健全集体协商机制，健全劳动法律法规并严格执行，充分发挥市场配置劳动力资源的基础性作用。

同时我也表示担心：由于普通劳动者工资过低，一些人提出用行政的办法来提高工资。首先，政府可以做的就是提高公务员的工资，提高国有企业员工的工资；其次，民营企业员工的工资增长不得低于企业经济效益的增长。这么搞就坏了。考公务员已经是千军万马闯独木桥了，国有垄断企业的员工已经是工资过高了，但民营企业千差万别，你知道企业经济效益好了是应该买先进设备扩大再生产，还是应该搞新产品开发？我认为打破劳动力市场的行政分割，同时建立正常的集体谈判机制远比政府制定工资增长指标好。

我的这些观点被我在多个学术研讨会上发表，并在2010年12月9日的《社会科学报》和2010年的《比较》杂志第49

辑学术刊物相继刊登，各大网站也做了报道，后被收入2013年出版的《不平等挑战中国——收入分配的思考与讨论》一书。近年来，关于中国政府是否应干预一次分配的争论大致告一段落。

### 8. 降成本是否应当降劳动力成本

在2015年中国经济50人论坛举办的一次会议上，一位政府主要部门的负责人提出降成本的几个方面，其中第二个是降低劳动力成本。我当时就表示中国的劳动工资占GDP的比重仍然很低，只是近几年反弹较快，但不能得出应压低劳动力成本的结论，不赞成把劳动力成本纳入降成本的筐子里。其后不久，我又听到这位负责人在清华大学一个讲座上再次阐述了降低劳动力成本对经济发展的重要性。同时，许多媒体也刊登文章或报道消息，说中国的劳动力成本上涨过快，企业不堪重负。为此，我提议北师大中国收入分配研究院设立“中国劳动力成本问题研究”课题，对中国改革开放以来劳动力成本的变动情况进行全面分析，其后发布了成果报告。我自己也在中国就业促进会2016年年会上发表了“就业水平与工资水平”的讲演，我提出：“当前我国是否因为劳动力成本过高而阻碍了扩大就业？这是‘十三五’时期关于工资与就业关系的重大争论。”在中国劳动学会国际论坛、中国经济体制改革研究会年会等多个研讨会和媒体上，我也对这一问题发表了意见。

第一，我认为，一些学者在谈到经济发展方式转变的时候，对于旧常态特征的归纳一般只提过高的资本投入、过多的资源消耗、过大的环境污染这三个问题，而对于劳动力成本的问题谈得不多。其实，旧常态还有一个特征，那就是过低的劳动力成本。1992—2011年的20年间，中国劳动收入占GDP比重从54%左右下降到45%左右。看劳动力成本占比变动不能只看2013年之后的两三年，要做中长期比较。1978—2015年，中国人均GDP增长了20倍，而城市居民收入只增长了13倍，农村居民收入只增长了14倍。城市居民有30年收入增长低于GDP的增长，农村居民有26年收入增长低于GDP的增长。宏观分析说明，无论是国际比较还是中长期比较，尽管近两年职工工资增长较快，但至今普通劳动者总体工资福利水平仍然偏低，还有较大的增长空间。转到经济新常态，特征应该是资本投入高效、能源资源节约、生态环境友好、收入分配公平、公共服务均等。后面这两条特征不应被忽视，经济学家不要把这两个忘了，只谈投入问题、资源问题、生态问题。我坚持认为劳动力成本提高是我们经济发展方式转型的重要指标之一。

近年来，劳动力成本占比有所提高，但还未恢复到位，与所有发达国家和大多数中等发达国家相比，还有较大差距。近几年中国的基尼系数有所降低，说明劳动收入占比提高和整个收入分配差距缩小是正相关的关系。尽管如此，中国的基尼系数在全世界仍然是非常高的，按地理区域划分，我们仅次于拉美地区。

第二，目前我国经济处在增速放缓期，从宏观和微观两个不同的角度对劳动力成本的分析，似乎有很尖锐的矛盾。

从宏观层面来看，在农业劳动力转移增量和新增劳动力总量逐年减少的背景下，中国劳动力成本受宏观供求关系变化的影响，存在需求大于供给的中长期趋势，从而客观上存在上升的压力。最近这些年劳动力并没有增加，而是每年减少200万～300万人，农民工总量还在增加，但2016年增幅只有1%～2%。此外，发展方式转型要求的制度性反弹也是重要因素之一。前一阶段劳动力成本被压得过低，而生活成本特别是大城市的房价不断升高，迫使劳动者，尤其是农民工只好用脚投票，走人。各地通过提高最低工资标准保护劳动力的简单再生产，连续几年一些省的最低工资标准提高幅度高于当地GDP增幅。

有些新闻媒体惊呼：中国劳动力成本已经高于美国了，所以中国企业转到美国生产去了。他们举了一些例子，但认真一看，一些媒体把企业经营总成本当成劳动力成本了。记者不清楚专业的经济学知识可以谅解，而有的经济学者和政府官员也跟着媒体跑则让人难以理解。2015年国际劳工组织颁布的中国和美国劳动力成本比较，按购买力平价（PPP）计算，相差3.5倍，若按照汇率算则达5倍。在制造业的劳动力成本方面，中国还远低于阿根廷、南非、印度尼西亚等国，更不用说日本、韩国了。

在微观层面，许多企业家反映近年来包括劳动力成本在内的企业经营成本大幅度上升，经营非常困难。具体情况如何？这里举两个例子。据江南化纤在美国投资办厂的个案分析，同行业美国的劳工成本是中国的2.57倍，《经济参考报》最新的有关数据是5倍。福耀玻璃的曹德旺到美国办厂，发现美国蓝领工资是中国的8倍。那么，为什么江南化纤、福耀玻璃要到美国去办厂呢？因为有很多成本国内是高于美国的，如：土地成本，中国是美国的9倍；物流成本，中国是美国的2倍；电力/天然气成本，中国是美国的2倍以上；蒸汽成本，中国是美国的1.1倍；配件成本，中国是美国的3.2倍；税收成本，美国税收优惠力度大；清关成本，美国无须支付进出口清关成本。当然，也有美国高于中国的项目，如：折旧成本，美国是中国的1.7倍；厂房建设成本，美国是中国的4倍。算总账，企业在美国投资划算。

在微观层面，我再举一个国内的例子。全国政协在东北调研时，齐重数控装备股份有限公司（简称“齐重数控”）反映，该厂的劳动力成本占比从2010年的15.3%急速上升为2015年的36.4%。看到这个数据，有的人第一反应可能是这5年职工工资增长太快了。请不要过早下这样的结论。其实，齐重数控的劳动力成本占比5年增长了1.4倍，并不是职工工资过快增长造成的。齐重数控人工成本从2010年的22686万元减少到2015年的12326万元，减少了10360万元，减幅为45.67%。其中职工工资一项，从17320万元减少到8475万元，减幅更是高达51%。那么，劳动力成本占比为何急速上升呢？主要原因是企业经营总成本大幅度降低。齐重数控的生产成本从2010年的148387万元减少到2015年的33858万元，减幅为77.18%。若在总成本中除去劳动力成本，则其他成本从2010年的125701万元减少到2015年的21532元，减幅高达82.87%。生产成本锐减的原因是产能利用率从2010年的107.9%大幅度减少到2015年的60.4%。

以上分析说明，产能过剩导致企业减产，企业的能源原材料成本必然大幅下降，而人工费用有较大的惯性或刚性，不可能与能源原材料成本同步、同幅度下降，因此在经济下行过程中，企业劳动力成本占比上升有其必然性。这也是发达市场经济国家在经济危机中企业大量裁员、失业率飙升的重要原因。一些研究单位和学者把近年来企业劳动力成本提高简单地归咎于职工工资增长过快，这一结论对所有产能过剩行业来说，显然过于空泛了。

第三，能否得出这样的结论：一是前阶段中国过低的劳动力成本掩盖了其他如物流、土地、审批、融资等成本过高的弊端，而劳动力成本的合理提高有利于政府重新审视并改善企业的总体经营环境，提高就业质量。二是当前企业经营困难，主要是产能过剩，这不是劳动力成本过高惹的祸，反而是前阶段各地为招商引资过分压低劳动力成本的恶果。三是经济发展到一定阶段，工资水平的提高会“倒逼”企业改变“血汗工资”制度，推动企业技术进步，进而“倒逼”经济发展方式转型，推动全要素劳动生产率提高，并提升就业质量。这已经被工业化国家以及新兴工业化国家的经济发展史所证明。当然，我也不赞成在短时间内过快、过高地提高工资。政府可以通过调整最低工资增长幅度，适当缓解工资成本过快增长的趋势，各地实际上也是这样做的。

中国经济发展到现阶段，已经从来料加工为主转向创新与资本输出为主。人力资源大国转型为人力资源强国，必然要求劳动力成本合理提高。工资成本高了，资本会向低成本的国家和地区转移，这是全球化过程中必然发生的现象，“亚洲四小龙”和新兴工业化国家都经历过。再进一步思考，越南、老挝、柬埔寨的劳动力成本比我们低，如果现在还坚持通过把中国的劳动力成本压到这些国家的水平之下来吸引国内外资本投入，普通劳动者如何共享中国改革开放的成果？中国的收入差距将有多大？

我和经济学界的许多同行都注意到，中央文件始终没有把劳动力成本尤其是工资成本纳入降成本的筐子，而是一再强调要“提低扩中”，说明我们的意见是符合中央精神的。

### 9. 职工基本养老保险是否应当发挥缩小一次分配差距的作用

2014年底，中国社会科学院世界社保研究中心主任郑秉文邀请我参加该中心年会。这次会议发布了《中国养老金发展报告2014》，对职工基本养老保险制度提出“颠覆性”改革建议。我认为，报告分析的当前职工基本养老保险制度存在的问题还是比较中肯的，但提出16%的“大账户”或28%的零统筹“全账户”却是方向错误了。郑秉文同志是我多年好友，此前我们在许多问题上观点一致。中国社会科学院世界社保研究中心的年会我也多次应邀参加，每次都真心地高度评价他们的年度报告。但这次我在主席台上如坐针毡，反复考虑轮到我发言时，是否公开提出反对的意见。在我前面的几位发言嘉宾都没有提出不同意见，其中时任财政部部长的楼继伟同志还极力支持“全账户”方案。我担心这种一面倒的会议氛围将使媒体误解为社会保障学界都支持“全账户”方案，进而给决策者造成误判，迫不得已，在大会发言时我明确表态，不赞成“大账户”方案，更反对“全账户”方案。

可能是媒体把楼继伟同志的表态当成传达中央领导意见了，财经类杂志、报纸及相关网站只发表赞成“大账户”“全账户”的发言，没找到一家报道我的不同意见。令我至今不解的是，一般情况下不涉及经济理论问题的《北京晚报》，却在2014年12月29日先发表楼继伟同志的观点，再以“商榷”为标题报道了我发言的主要内容。2015年初，《改革内参》一位编辑转来郑秉文同志的一则短信，内容是中央高层已经决定采纳他的职工基本养老保险制度改革方案建议了。以我和郑秉文同志的多年接触，我相信这则短信事出有因，绝不会是自吹自擂。这就出现了一个怪现象：社会保障学界反对扩大职工基本养老保险个人账户的占压倒性优势，而媒体和政界似乎赞成扩大个人账户的占了绝对上风。2008年退出行政岗位后，我从未以个人名义给领导写过条陈，学术文章就通过学术渠道发表。这次面对职工基本养老保险改革方案的重大问题，我思考再三，决定给国务院领导写信，反映我及社会保障学术界绝大多数人的意见。同时，我又与中国社会保障学会会长郑功成商议，以中国社会保障学会的名义正式表态，通过学会内部刊物《民生专报》上报中央。当然，就学术争论而言，多数人的意见未必正确，少数人的意见未必错误，最终要看这些意见能否经得起历史检验。

我反对“大账户”或“全账户”的主要理由如下：

第一，基本养老保险作为社会保障体系的重要项目，其建立与完善的历程应与一国经济社会的发展阶段、发展水平相适应。中国在从计划经济向社会主义市场经济转轨的过程中，20世纪90年代初探讨并建立了个人账户与社会统筹相结合的基本养老保险制度。改革初期，中国城乡分别计算的基尼系数都在0.2左右，城乡合计的基尼系数不过0.3。因此，20世纪八九十年代初分配制度的改革重在打破平均主义。在这一大背景下，曾提出把一次分配的效率原则引入二次分配中，典型例子就是在基本养老保险制度中引入个人账户，因为个人账户是以职工在职时的一定工资比例缴纳的，体现了多缴多得的原则。20世纪90年代初，主张在基本养老保险中体现激励原则的一些人设计了16%的个人账户。经过激烈的争论并总结不同省份探索个人账户的实践，国务院在1997年统一了职工基本养老保险制度，全国企业职工统一按11%建立个人账户，其中个人缴纳8%，企业按职工本人工资缴纳3%。其后，这项制度又逐步加以修正，个人账户降低到8%，完全由职工个人缴纳，同时，提高了社会统筹所占的份额，也就是提高了养老金按社会平均工资计发的比例。

经过40年的改革开放，中国的社会经济生活已经发生了巨大变化，在创造了经济高速发展奇迹的同时，也逐步暴露出许多问题，其中突出的是收入分配差距过大。中国城乡合计的基尼系数在10多年前就超过了国际0.4的警戒线，逼近0.5。更为不合理的是，包括基本养老保险等在内的一些二次分配项目，不仅没有缩小一次分配的差距，反而进一步扩大了这一差距。在新的发展阶段，面临一次分配差距过大的现状，基本社会保障项目应当提高公平性、共济性，以平抑一次分配的差距。作为基本社会保障最重要的项目之一，基本养老保险制度提高公平性、共济性的方向应当明确。

第二，党的十八届三中全会指出，“建立更加公平可持续的社会保障制度。坚持社会统筹和个人账户相结合的基本养老保险制度，完善个人账户制度”，明确了养老保险制度改革的基本方向。其中，关于完善基本养老保险个人账户制度的方向选择，始终存在“做空”与“做实”这两种观点的争论，在多年“做实”试点停滞不前的情况下，名义账户制成为更加务实的方案选择。然而，对于如何设计名义账户制，学术界仍存在很大争议。机关事业单位与企业基本养老金制度并轨的方案出台后，对于如何完善个人账户制度的讨论更趋激烈。有学者提出将单位（工资总额的20%）和个人（工资收入的8%）缴费全部纳入个人账户，实行零社会统筹的名义“全账户”制度。在这一制度设计中，用人单位将以职工个人工资近2.5倍的数额缴纳，将初次分配的工资差距进一步扩大到基本养老保险这一再分配领域，这与现阶段应提高基本保障的共济性相悖。举一个浅显易懂的例子：北京市2014年度的平均工资是7.7万元，按现行规定，以3～0.6倍为缴费上下限，甲职工年薪20万元，这在许多企业尤其是金融业高管中并不鲜见，单位将每年给他的个人账户打入4万元。乙职工年薪4万元，许多农民工还达不到这一水平，单位将每年给他的个人账户打入8000元。单位为工资高的打入的年养老金缴费额等于工资低的年薪，这是雪中送炭还是锦上添花？再经过30～40年的积累和复利，无疑是把初次分配的差距大大扩展到基本养老保险这一再分配领域，如前所述，这与现阶段应提高基本社会保障的公平性、共济性南辕北辙。

第三，与普惠制的老年津贴相比，基本养老保险制度的设计要强调自我平衡原则，但社会保险制度自1883年俾斯麦政府创立时，就明确其筹资原则是三方共担，国家财政要承担适当补贴和兜底责任。这就决定了社会保险不能与商业保险类比，达到完全的精算平衡，更应强调其原则、方向与作用，必要时国家财政出资。精算很重要，但它的作用是有限的。瑞典1994年实施17%的名义账户制，2008年的精算结果是2020年才会出现负债大于资产的情况，但实际情况却是当年名义账户的负债就开始大于资产，需要降低退休待遇水平才能保持制度平衡，否则就需要增加财政投入。即便是商业养老保险，精算也不一定能平衡，美国按税法401K条款建立的各种养老基金是完全市场化运作的，无数精算师天天在精算，有一个人算出2008年金融危机对这一类基金的影响吗？

第四，设计“全账户”的学者和支持这一观点的部门领导一方面宣传“全账户”对职工的激励作用，另一方面又反对个人账户继承，因为28%的个人账户如果继承，超过平均余命的养老人员将成为财政极其沉重的负担。《中华人民共和国社会保险法》明文规定：“个人死亡的，个人账户余额可以继承。”个人账户基金缴费是具有一定私人属性的，建立28%名义“全账户”的激励作用与“个人账户余额不继承”的负激励设计自相矛盾。如果一种制度设计要求一个人一生中将近三分之一的收入积累额不能继承，那人们为什么不把这笔钱存银行或购买商业保险呢？

我认为，完善基本养老保险制度，坚持公平性、共济性的基本原则不能偏离，坚持缩小而非扩大初次分配差距的根本方向不能偏离，在此基础上，才可以进一步讨论如何有效解决当前职工基本养老保险制度存在的具体问题。考虑到社会政策的连续性，把现在职工缴纳的8%个人账户改为名义账户就可以达到较平稳过渡的效果，如果能将个人账户缩小到5%，那么还可以进一步提高社会共济性。同时，应坚决实施基础养老金的全国统筹，推进分步式延迟退休年龄，夯实缴费基数，加快农民工市民化进程以扩大缴费基数。现阶段完全没有必要大动干戈去搞28%的零统筹 “全账户”，那样既缩小了职工基本养老保险的共济性，又增大了与现制度衔接的难度。

我的这些意见被国务院领导批转给人社部、国家发改委、财政部、全国社保基金会理事会参阅，人社部、财政部领导找我和其他学者就职工基本养老保险制度改革方案多次交换了意见。对于这样一个涉及广大职工切身利益与国家长远发展的重大问题，国务院是十分慎重的。

### 10. 是否应当依法规范罢工行为

我国1954年的宪法没有关于罢工的规定，1975年的宪法规定公民有言论、通信、出版、集会、结社、游行、示威、罢工的自由。1978年的宪法把大鸣、大放、大辩论、大字报也写了进去。1982年修改宪法，取消了“文革”时期的特殊产物“四大”，同时也取消了国际社会普遍认可的罢工。20世纪80年代，经济学界几乎没有人关注罢工问题，大家的注意力主要集中在产权、价格、财税等问题上。我因为多次参加国际劳工组织会议并与一些发达国家的雇主组织搞双边活动，对劳动关系和劳工政策有较多的了解。1990年我被调到劳动部国际劳工研究所后，在研究劳动力市场过程中开始关注罢工问题。那时理论界正在酝酿提出社会主义市场经济的改革目标，一些劳动经济学者议论，补市场经济这一课，我们会不会也经历原始积累阶段？我当时认为中国不应当也不会重蹈覆辙，我们有共产党的领导，搞的是社会主义市场经济，工人阶级是宪法上明确了的领导阶级。从政治理论上说，我们决不可能让资本随意剥夺劳动。但是，搞市场经济，在劳动力供大于求，同时企业自主决定职工收入水平的背景下，政府面临几千万个经济组织和几亿职工，如何保证劳动报酬不被资本收益过分压低？当时我和一些从事劳动经济研究的同事为此费了一番脑筋。我们提出了一些建议，例如制定最低工资标准，加强劳动监察，扩大海外劳务输出，等等。

1992年我在劳动部理论务虚会上提出，在工业化初期，劳动力市场上基本都是个人行为。现在发达市场经济国家劳动力市场上劳动条件的确定基本上都是组织行为。不仅一个企业或行业的劳动工资、福利保险待遇由集体谈判确定，就是国家的有关劳工立法也要通过政府和最有代表性的工会组织、雇主组织进行协商。劳动条件确定后，具体的雇佣契约仍然基本上是个人行为。从劳动力的供给方看，工会有组织的行为抑制了单个工人相互之间的竞争，达到了提高劳动报酬和劳动条件的目的；从劳动力的需求方看，雇主组织的集体行为也抑制了个别资本家过分压低工资追求超额利润的动机。我建议在我国建立集体谈判机制，以协调企业的劳动纠纷，而集体谈判的程序中就包括罢工问题。当时一位资深的劳动经济学者问：“在中国搞集体谈判不是天方夜谭吧？”

1993年11月召开的党的十四届三中全会明确提出了建立社会主义市场经济的改革目标，“劳动力市场”的提法也被正式列入中央文件，集体谈判被提到议事日程，为了与国情衔接得更好一些，我们使用了“集体协商”一词。20世纪90年代中后期，劳动部代表政府、工会代表工人、中国企业家协会代表雇主的国家级集体协商机制建立了，企业中也开始推行集体协商。但是，本来应纳入集体协商程序的罢工问题一直被回避，这使得许多本应通过正常罢工方式解决的劳资纠纷演变成了所谓的非正常群体性事件。据统计，从1993年到2002年，我国集体劳动争议案件从每年864件上升到11024件，平均每年增长32.7%。2003年我调任国家发改委党组成员，在征求修改宪法的意见时，我书面建议在宪法中恢复职工的罢工权，但没得到回复。

2003年之后，劳动争议案频发高发。据统计，2003—2007年共发生劳动争议案60万件，平均每年12万件，与前5年相比上升30%。全国总工会的一项调查显示，2001—2007年劳动争议案以年均3.3万件的速度递增，2008年大幅增加69.3万件，为近10年最高，2009年有所回落。2010年外资、港澳台资和国企改制企业及劳动密集型民营企业，连续出现集体停工、怠工等群体性事件。据中国人力资源开发研究会劳动关系分会2009年《中国劳动关系报告》提供的资料，我国劳工群体性事件的年度平均数据已明显高于美国20世纪70年代罢工高发期的水平。为此，2011年全国总工会为筹办构建和谐劳动关系大会向我约稿，我写的题目就是“依法规范罢工行为是我国构建和谐劳动关系的重要环节”，这篇稿子未被入选。2012年“两会”期间，我与10多位全国政协委员联名提了“进一步完善集体协商机制”的提案，建议立法规范罢工行为。2015年我在深圳举办的大梅沙中国创新论坛闭幕式上再次建议依法规范罢工行为。

我认为，劳动关系中最敏感的问题是罢工。20世纪90年代中期以来我国开始推行集体协商机制，建立了国家级的三方协商机制，企业中开展了集体协商，取得了一定的进展，为探索符合社会主义市场经济的劳动关系积累了宝贵的经验。进入21世纪，科学发展观的提出和落实，对推进工会职能的转变，构建和谐劳动关系也起到了积极的推进作用。但是我们可以看到，严重损害企业职工合法权益的事件仍然经常发生，进一步健全集体协商机制迫在眉睫。完善集体协商机制涉及的问题很多，许多从事这方面理论研究和实际工作的人认为，缺少职工罢工和雇主关厂的规范程序，集体协商机制很不完整。按照依法治国的理念，以法律手段规范罢工行为，是完善集体协商机制的当务之急。

第一，国际上，罢工早已从资本原始积累阶段被禁止的非法活动逐步演变为工人的合法权益，对平衡劳资关系起了重要作用，被视为工人运动的伟大成果。正常情况下，罢工是经济性的，主体只涉及劳资双方，不涉及政府，罢工涉及的矛盾多是企业层次当然也有行业层次。欧美等地区19世纪中后期开始相继承认罢工的合理性，20世纪以后罢工逐步取得合法地位。现在各国关于罢工的立法形式不同，有在宪法、部门法、专门法律中明确的，也有通过司法判例确定职工的罢工权益的。在各国立法的基础上，国际组织对罢工也有明确的规定。联合国1966年12月通过的《经济、社会及文化权利国际公约》正式确认受雇者享有罢工权，同时指出各缔约国可以用法律限制军人、警察及公务员的罢工权。在国际劳工组织确定的核心劳工公约中有两个直接涉及工人的谈判权，即1948年通过的《结社自由和组织权利保护公约》、1949年通过的《组织和集体谈判权利的原则应用公约》。作为国际劳工组织的核心公约，这两个公约并没有对罢工直接做出规定，但国际劳工组织通过大会决议、委员会声明，明确表达了工会组织及活动的权限。

第二，与一般市场经济国家不同的是，我国“政、企、工”三方都接受共产党的统一领导，政府宏观调控力度更大，但市场经济条件下调节劳动关系的通行规则是值得借鉴的。现在我国多种经济成分并存，私营企业、外商投资企业以及股份公司所容纳的就业人数远远高于国有单位。在肯定多种经济成分对经济发展发挥积极作用的同时，不能无视经常发生的损害职工权益的违法违规事件，如强制超时加班，泛用学生工，非法使用童工，私了工伤事故，劳保条件恶劣，恶意拖欠职工和农民工工资，等等。国有企业在处理劳动关系时，实践证明也会发生严重的侵犯职工权益的问题。一些地方政府领导为追求任期内的经济增长，过分强调招商引资，对严重违犯劳动法律法规的现象疏于监管。由于没有明确的罢工权和罢工程序，本来正当的职工维权行为大多演变成无序突发的集体停工或怠工事件，迫使政府到劳资纠纷第一线“救火”。近年来，外资和港澳台资企业、劳动密集型私营企业以及国企改制企业连续出现集体停工、怠工事件，这说明对罢工只堵不疏是不行的。既然依法治国，就应当依法治理罢工。

第三，通过立法明确赋予工人罢工权，绝对不是“鼓动罢工”，而是规范罢工。对此是有国际共识的，如国际劳工组织认为，“罢工的确是一种基本权利，但其本身并不是目的。罢工是代价昂贵的和分裂性的行动，不仅给雇主和工人自身造成损失，而且可能危及第三方利益，带来较大的负面经济和社会影响”“应当作为解决劳动争议的最后手段加以使用”。既然罢工会造成经济损失，有时还可能产生较大的社会影响，为什么世界各国、国际组织还给工人罢工权？因为历史证明，工人没有罢工权，劳资矛盾积累起来，最终会酿成剧烈的阶级冲突，造成的损失比罢工的损失大得多。现在我们没有规范的罢工程序，实际上把所有罢工都置于违规、违法之列，把那些提出合理要求的工人也推到对立面，反而会使矛盾激化。众多案例说明，当企业负责人或地方领导还不知道时，员工已经罢工了，由此造成无序罢工和进京上访，负面影响更大。

至今我仍坚持上述观点，认为明确罢工的合法程序不仅有利于保障职工合法权益，也有利于国家以合法手段制止可能发生的职工过激行为和非法罢工事件。规范罢工行为对建立和谐劳动关系、完善劳动力市场具有积极意义。考虑到罢工是关系职工、企业甚至国家利益的重大敏感问题，我们对此毫无经验，建议由国务院制定有关的行政法规或由相关部门联合制定有关的规章，将罢工行为纳入法制轨道，选择一两个省市先行试点，取得经验后，再适时上升为法律。

以上10个方面的理论争论贯穿我40年来的学术活动，当然，还有许多学术研究和理论争论没有在这里提及。我认为，学术研究贵在和而不同。我在湖南省第一师范附属实验小学上学期间，多次去岳麓书院游玩，南宋“朱张嘉会”的故事给我留下很深的印象。1000多年前，张拭主教岳麓书院，与朱熹有学理之争，约朱北上，并肩论理，辩疑不绝，和而不同，成为千古佳话。至今岳麓书院大堂之中还并排放着两张太师椅。我们应当继承我国学术研究方面好的传统，让不同意见充分发表出来，做到和而不同。有不同意见更能激发深入研究问题，例如职工基本养老保险的个人账户、名义账户之争，不仅迫使我进一步了解国外养老保险最新进展情况，也大大深化了社会保障学界对这一问题的研究。因此，我不仅要向在学术争论中与我站在同一战壕的好友表示衷心感谢，也要向对面战壕里的学术“论敌”致敬。当然，和而不同也是有前提的，岳麓山下的“朱张嘉会”之所以能成为理学学术争论的一段佳话，是因为朱张都遵循儒学。如果其中有一位大骂孔夫子是奴隶制的孝子贤孙，那就不可能和而不同，而只能是道不同不相为谋了。当前学术争论和而不同的前提条件，是为完善社会主义市场经济体系出谋划策，为中华民族的伟大复兴殚精竭虑。

## 三 聊以自慰的两件行政工作

1995年底，我听从组织安排，到国家体改委工作，2008年退出行政岗位，从事了13年行政工作。这期间，按照国务院领导批示和部委领导指示精神，我在统一企业职工基本养老保险制度，建立城镇职工基本医疗保险制度，建立新型农村合作医疗制度以及公车改革、收入分配制度改革、财税制度改革、宏观经济分析、振兴东北等方面做了大量工作。2009年，一位记者撰写《共和国一代访谈录》，采访我的重点是成长经历与学术观点，他认为行政工作较难体现个人思想。当他问我在行政工作中有没有一两件事可以聊以自慰时，我毫不迟疑地回答：有两件，建立新型农村合作医疗制度和资源枯竭型城市棚户区改造。我说，之所以聊以自慰，是因为在这两件雪中送炭的工作中，我尽职尽责落实中央领导指示精神，发挥了自己的积极性和主动性。

### 1. 协调有关部门积极推动建立新型农村合作医疗制度

1999年底，李岚清副总理在全国政协一份《关于进一步加强乡镇卫生院建设的建议》上给国务院体改办、卫生部批示："我国有九亿人口生活在农村，对广大农民提供有效医疗服务是个大问题，请你们组织力量对农村医疗体制进行调查研究，提出建议。"国务院体改办、卫生部、农业部组成联合调研组，先后到浙江、云南、河南、陕西、四川、湖南、广西等经济发展水平不同的农村地区进行医疗卫生体制专题调研。我作为国务院农村卫生体制改革部际协调小组工作班子负责人，全程参加了调研，组织起草了《农村卫生体制改革调研报告》。我1972年从河南息县回北京后，再也没有去过农村。从报纸电视节目里得到的印象是农村改革取得了很大进展，旧貌换新颜了，但这次深入农村调研，看到的农村卫生实际情况完全出乎预料。

应当肯定，新中国成立以来，依靠政府和集体经济的支持，我们在农村地区建立了三级卫生服务网和农村卫生队伍，通过推行合作医疗制度和实施初级卫生保健策略，基本解决了农村缺医少药的问题，以较低投入取得较好的卫生工作效果。但是，随着农村经济体制转轨，农村卫生服务体系赖以生存的经济基础发生了根本性变化，城镇卫生服务市场化发展以及城乡差距的扩大使农村医疗卫生资源配置、管理和运行等多方面的深层次矛盾日益暴露，农村卫生服务体系在服务功能、机构设置、管理体制、运行机制以及人才技术上都越来越不适应新形势的要求，不能向广大农民提供有效的医疗服务。

一是广大农民缺乏健康保障，因病致贫、因病返贫的现象突出。据当时调查，河南农村贫困户中因病致贫、因病返贫的比例为40%，云南和陕西这一比例高达50%，已成为影响农村经济发展和农民脱贫的主要制约因素。二是农村卫生投入不足。基层卫生机构为维持生存，将主要精力放在医疗有偿服务上，影响了预防保健工作的落实和传染病、地方病的控制。三是农村卫生管理体制不顺，卫生服务网络功能削弱。卫生院实行乡办乡管后，乡财政困难，卫生院所获补助减少，村卫生室缺乏集体支持，生存面临危机。由于管理权层层下放，卫生行政部门不能有效地调控和监管，因此农村三级卫生网关系松散，综合服务功能弱化，卫生服务和药品质量没有保证。四是农村卫生技术人员素质不高，人才缺乏。现乡镇卫生院卫生技术人员半数以上是中专学历，36%无专业学历，多数乡村医生还是过去的赤脚医生，知识老化。

针对农村三级卫生网破败不堪、医生护士大量流失、赤脚医生制度瓦解、农民因病致贫返贫现象严重等问题，各部门在贯彻中央精神，加强农村卫生工作的目标和方向上是一致的，但在具体问题上，意见分歧很大。如当时我和一些同志提出构建农村医疗保障体系，由农村医疗救助、农村新型合作医疗和农村商业医疗保险三个层次组成。有的同志就不赞成，说现在城镇职工的社会保障还顾不过来，对农民不要提建立保障体系。经过争论，总算在建立农村新型合作医疗制度方面原则上达成一致，但在中央财政是否出资引导问题方面又发生了争论。有的同志问，新型合作医疗是谁跟谁合作？不是农民和农民合作吗，怎么变成农民与政府合作了？在确定了政府应当出资引导之后，在中央财政出多少资金方面再次发生争论。有的同志说能否每个农民每年补贴0.5元，有的主张至少补贴10元。为了解决这个问题，李岚清副总理在他的办公室与有关部委主要负责同志商议，拍板每个参加新型合作医疗的农民每年补助10元。

现在回顾这些争论，只是想说明这项工作的难度，并没有指责任何部门或个人的意思，因为大家对如何搞好联产承包责任制背景下的农村卫生工作都有一个认识过程。记得

2002年秋季在北京杏林山庄讨论关于建立新型农村合作医疗制度时，我主持会议，与会同志争论到凌晨2点，部门之间也没达成统一意见。散会后卫生部一位司长一夜未眠，犯了病。我也翻来覆去睡不着，干脆起来填了一首《望江东·农村卫生调研》："城市豪华大医院，挤不进，人满患。乡村破败卫生站，可罗雀，多以散。调研八省仰天叹，城乡异，云泥判。合作医疗应立案，为耕者，还心愿。"

经过反复讨论，《中共中央、国务院关于进一步加强农村卫生工作的决定》初稿原则上确定了，但在文件正式会签过程中财政部和卫生部又发生分歧。关于农村卫生院的经费问题，财政部门的意见是按事拨款，补需方，卫生部门认为必须保证有一支稳定的队伍才能提供服务，财政应按定编定员保证经费补供方。我一开始也倾向于补需方，按事拨款，不养人。但是卫生部门的意见也不是没道理，不保证一支基本的队伍谁来提供服务？文件拿到卫生部会签时，有位从1995年"两江"医改试点以来共事多年的同志指着我的鼻子说："宋晓梧，你不把文件上这条改了，你就是破坏中国农村卫生工作的历史罪人。"当时国务院办公厅已经催得很急了，说就要上政治局会议讨论了，怎么稿子还没会签下来。由于时间紧迫，走正常的文件会签程序已经来不及，经请示同意，我自己开车，带着文件一会儿跑到中南海找国务院高强副秘书长，一会儿跑到西直门找卫生部张文康部长。最后协调结果还是卫生部的意见占了上风，到晚上7点多钟，我终于把文件会签完并送到国务院办公厅。

2002年底，《中共中央、国务院关于进一步加强农村卫生工作的决定》正式发布，按照这一决定精神，2003年初新农合制度开始建立。起始筹资标准是中央财政每人每年补助10元，地方财政每人每年补助10元，个人每人每年缴费10元。随着我国经济社会的发展，财政支持新农合的补助大幅度提高，2017年新农合总体筹资规模已经达到每人每年630元，是2003年的21倍。其中，财政补助标准由2003年的20元提高到450元，是当年的22.5倍，个人缴费由2003年的10元提高到180元，是当年的18倍。农村卫生状况也有了很大改进，农民因病致贫、因病返贫的情况得到大大缓解。

### 2. 在落实资源型城市可持续发展工作过程中积极推动棚户区改造

2004年根据温家宝总理的批示，由国务院振兴东北办牵头，我具体负责资源型城市可持续发展工作。我带队到大庆、双鸭山、伊春、白山、阜新等地调研，对资源型城市特别是资源枯竭城市的困难有了初步了解。印象最深刻的是辽宁的抚顺市。当时抚顺市委书记周忠轩向调研组介绍了煤炭资源枯竭的情况，突出汇报了棚户区的困难情况。

当时资源型城市面临的问题很多，有的资源枯竭，如抚顺市的龙凤煤矿、阜新市的海州煤矿，产生了一系列后遗症。采矿工人大量失业，依附于煤炭生产的下游企业也十分困难。职工生活困难的程度，周忠轩同志对我说，你在北京是想象不出来的。2004年，改革开放已经进行了20多年，一些发达地区如珠海、深圳、上海、广州都已经非常漂亮了，就是大连、沈阳、长春、哈尔滨也光彩照人。周忠轩同志带着我们一行人，包括财政部、国资委，还有全国政协的同志去棚户区调研，当地居民的生活现状触目惊心，有人当场下跪向我们递申冤状，也有人在远处喊叫：这么多年不解决实际问题，你们来调研有什么用？

当年抚顺市有各类棚户区318.3万平方米，大概有14万人居住在集中连片的棚户区。棚户区中的房子大多都是20世纪50年代初盖的半地下小窝棚，还有一部分是伪满洲国开矿时候盖的。这么多年没改造，是因为以前长期坚持的指导思想是先生产后生活，先治坡后治窝。在当时条件下坚持先生产后生活并没有错，但对整个居民生活区的建设，包括住房供水供电道路的修缮，欠账非常严重。改革开放以后，中央下放了不少工矿企业给省管理，省又下放给市，市里的财政根本支持不了那些资源枯竭企业的更新改造，虽然中央在财政上给予了一定的支持，但也仅够发养老金和工资，对于棚户区改造和生活基础设施的改善，远不够用。财政困难的地方，连养老金也发不出来，导致大规模群体事件。在抚顺和白山两市调研期间，前往矿区的沿途满目疮痍，破败不堪，矿区沉陷严重，建筑年久失修。随处都可以看到成片的棚户区，挤住着大量居民，房屋破败，面积狭小，供暖困难，道路泥泞，污水横流，垃圾遍地。居住在棚户区里的人，70%以上是大集体职工和他们的家属。我们在棚户区与学校老师、居民座谈时了解到，煤矿枯竭以后，多数下岗职工到外面打工，有的女工也到外面打工，很多孩子的爸爸妈妈都不在身边，所以在小学里老师不能教唱《世上只有妈妈好》这首歌，因为老师带着学生们一唱，学生就哭成一片。调研组有的同志在座谈时当场就掉了眼泪。

由于贫困人群规模大，地方财政困难，一些政策落实不到位，因此棚户区的犯罪率比平常的地方要高十几倍，刑事犯罪、自杀、离婚、学生辍学等严重社会问题时有发生。当地政府想了很多办法，组织下岗工人自谋出路，有些人想搞些小买卖，利用院边的地或者到远处从农民手里租块地种些农作物，但是因为棚户区居民消费水平太低，没多少人买，小商小贩也发展不起来。据统计，2003年抚顺市去省进京集体上访共205批次，平均每个工作日集体上访围堵抚顺市委、市政府或封桥堵路达7批次，最严重的一次群体事件组织者计划发动3万人上街，幸被及早发现而阻止。

调研期间在抚顺市开会，我专门谈了可持续发展既要高度重视资源环境，也不能忽视民生。从棚户区情况看，我们的经济是发展了，但财富没有被合理分享，这应该作为可持

2006年调研抚顺棚户区改造

续发展的重大问题提出来。中国历史上多少次发展被中断，都是社会矛盾导致的。苏联的垮台不是资源环境出了问题，南美一些国家资源环境很好，陷入中等收入陷阱主要是社会矛盾所致。提到可持续发展，大家都在讲资源环境，这很重要，特别是在资源环境约束日趋加大的背景下，可是，如果忽视了社会矛盾，忽视了民生，可持续发展面临的问题更严重。当晚，我填了一首词《沁园春·棚户区调研》："窄矮茅棚，阴暗潮湿，遍地水污。有村民叩首，搀扶不起；手托状纸，涕泗疾呼。当日劳模，如今下岗，只求居身有其屋。发人省，一声声刺耳，切莫糊涂！此情此景难书，叹贫富高低太悬殊！昔文景之治，开元盛世，永乐局面，康乾版图。四海来朝，转瞬凋敝，大厦堂皇变倒伏。须警醒，莫两极分化，误断征途！"

资源枯竭城市普遍都存在棚户区现象。抚顺有棚户区，吉林白山、黑龙江伊春、甘肃白银、宁夏石嘴山等市也存在这种情况。我们就棚户区问题专门写了一个报告，反映资源枯竭城市可持续发展中面临的重大问题是民生问题、失业问题、低保问题，突出问题是棚户区的窘境，提出棚户区改造应当立项，由财政出一部分资金支持资源枯竭城市的棚户区改造。时任国家发展改革委主任的马凯同志对此很重视，要求东北办把这件事抓好、抓实。为此，我们与抚顺市领导商议，专门拍摄了棚户区的DVD录像送给马凯主任和时任国务院振兴东北领导小组组长的温家宝总理。

在讨论棚户区改造立项的过程中，还是有争议的。当时财政并不宽裕，想在国务院新设立一个财政出资的项目比较难。有的同志就提出，设立棚户区改造项目，首先要明确棚户区定义是什么。北京铁路边上、马路边上盖的小棚子算不算棚户区？当时中央已经有了采煤沉陷区改造专项基金，沉陷区是有科学依据的，沉一米是一米，沉半米是半米。棚户区怎么定标准？政府按什么标准出资？提出这些疑问也是有道理的。为此，由国务院振兴东北办牵头，我带队，组织相关部门去棚户区多次了解情况，大家基本统一了认识，同意对中央下放工矿企业集中连片的棚户区进行改造。可以说，棚户区改造工作起步时所涉及的范围是比较窄的，有“中央下放工矿企业”“集中连片”等这些限制词，这项工作启动时也主要局限在资源枯竭城市。另外，那时候棚户区改造工程虽然启动，但面临的实际问题很多，如资金不足、就业困难、棚户区地价低等。有的棚户区是在煤矸石上面盖的，还出现了因煤矸石地下自燃生成一氧化碳而使居民中毒的情况。可以说，棚户区所在地完全无法与大城市的土地价格相比，这也是造成棚户区改造资金难的原因之一。

棚户区改造工程正式启动不久，李克强同志到辽宁任省委书记，他深入棚户区调研，指出棚户区改造既是弥补历史欠账的民生工程，也是推进新型城镇化的重要途径，还能促进房地产市场平稳健康发展。这大大拓宽了棚户区改造工作的思路，从我们当初着重解决资源枯竭城市工矿企业职工居住条件问题，扩展到新型城镇化建设与房地产健康发展。现在棚户区改造工程不断扩展，内涵也更加丰富。2018年“两会”政府报告提到，过去5年全国棚户区住房改造2600多万套。棚户区改造工程从资金的投入到民生的改善，后续又带动消费等，产生的影响和作用非常深远。

从我的学术经历和所从事的行政工作可以看出，40年来我的人生轨迹主要还是沿着劳动经济研究和劳动行政工作演进。由于工作岗位的变动，我也从事过宏观经济等其他方面的研究和行政工作，但我深知自己的学术根底局限于劳动经济，一直不敢在其他经济学领域发表系统的学术见解，最多冒几个思想火花。即使在劳动经济学领域，我也是侧重改革开放以来经济社会发展所面临的实际问题，主要从事政策研究，没有构建理论体系这样的雄心壮志。1980年刚考上研究生时，我还有点雄心。1981年初我得了场大病，北京内燃机总厂一位老同事来看我，说你不要对自己要求过高，等研究生毕业都近40岁了，还往上努力啊？见好就收吧。北京经济学院一位老师到医院看望我，说你在社会上摸爬滚打了10多年才上学，要扬长避短，别绕在纯理论中出不来，多研究实际问题好些。我躺在病床上左思右想，觉得他们说的有道理，这么多年就是沿着这个方向走下来的。

在劳动经济学界，现在大家认为我还是有点学术贡献的，但北内有的同事却另有看法。1979年北内引进日本小松制作所的全面质量管理，一些人得知日本许多中小企业不设专门的电气维修部门，而是请专业电气维修公司定期检查维修设备。那时北京郊区的一些乡镇企业也没有合格的电工，经常请北内帮忙，一小时电工劳务费8元，个人可提成2元，这在二级工月工资41.8元的时代，可是不少了。有脑筋灵活的师傅出主意，先成立一个对外的电气维修部，与乡镇企业订合同，保修包修机床电气，再视情况扩大业务，以专业化协作的低成本揽活，扩展对中小企业的服务，搞得好，就成立一个集体或民营的电气维修公司。几位师傅拉我到化工路西口小饭馆喝酒，说大家认为这事得你牵头，你技术好人缘好，不要滑不贪钱。我一拍桌子说："君子一言驷马难追，考不上研究生，就和你们一起干这事儿了。"多年以后，有人评头论足，说你写文著书忙活一辈子，拿了几块钱稿费啊？如果搞电气维修公司，再进军房地产，现在腰缠万贯也未可知。是啊，世上成功道路并非一条，我认识的许多成功企业家没有多高学历，也为社会做出了很大贡献。可古稀之年再回首，不管如何机缘巧合、阴差阳错，属于我自己的路，却的的确确只有这一条。

2017年12月与我指导的部分博士生及家人聚会

# 贰

## 主要学术成果

我的学术成果集中在劳动经济领域，主要包括对就业、工资、社会保障、劳动关系方面的理论研究以及政策研究。由于行政工作岗位的关系，我研究的有些问题超出了劳动经济领域，如对企业产权、区域发展、社会组织、社会智库以及地方政府行为的研究等。现在总结和回顾我的主要学术成果，还是在劳动经济方面的研究相对系统、深入一些。

# 一 企业改革理论探讨

我在国家经委企业局和中国企业家协会工作期间，有幸参与了20世纪80年代和90年代初期的国有企业改革，经历过企业劳动组织整顿、实行厂长负责制、承包租赁、放权让利、利改税、拨改贷、全面质量管理、全面经济核算、恢复计件奖金、“砸三铁”等工作。从学术角度看，我当时主要参与了关于“两权分离”的理论争论。我提出的以全民所有资产价值形态与实物形态“两种所有权分离”指导国有企业改革的建议，曾受到马洪、袁宝华等领导的赞同。

## 1. 以价值形态与实物形态 “两种所有权分离”指导国有企业改革

1986年，我在《试论厂长身份和所有权与经营权分离》（《中国企业家》1986年第11期）一文中，分析党的十二届三中全会“关于经济体制改革的决定”提出的以所有权和经营权的分离（简称“两权分离”）指导全民所有制企业改革的措施，“两权分离”确实使企业在一定程度上有了经营自主权，增强了活力，但“两权分离”的理论局限性和实践弊端日渐突显。理论局限性在于：笼统地讲全民所有制企业的所有权归国家，回避了企业和国家之间的产权关系，不仅难以说清承包、租赁经营的实质，更无法阐明企业兼并（产权转让）以及股份制等问题。实践弊端在于：难以划清所有权和经营权的界限，不仅给政府干预企业经营活动留下了余地，也为企业经营不善时向政府推脱责任，为负盈不负亏提供了借口。我提出以“法律所有权和职能所有权的分离，即所有权价值形态和实物形态相分离”（简称“所有权分离”）进行国有企业改革，赋予企业应有的职能所有权或法人所有权。以两种所有权的分离为理论依据，厂长的身份是单一的，只能代表财产的经济所有者——企业，不可能代表财产的法律所有者——国家。此外，在理论上承认企业有经济上的所有权，这也可使企业破产、基建拨款改贷款以及经济合同等有关问题迎刃而解。

1989年，我在《企业改革两种思路的理论比较》（《改革》1989年第1期）一文中分析指出，“经济体制改革以前，我们把企业看作单纯的产品生产单位，生产资料的价值形态所有权、实物形态所有权和经营权都集中在政府手中。改革后，我们认识到所有权和经营权可分，不断扩大了企业的经营自主权，但在一个时期内对所有权却采取了回避的态度，没有充分认识到在社会主义商品经济条件下，全民所有生产资料作为商品，也是价值形态和实物形态的双重存在，也可以分离，而是笼统地说所有权归国家，经营权归企业，弱化国家所有权，强化企业经营权。这一方面造成国家在弱化所有权时，可能有损生产资料价值形态所有者的权益；另一方面使企业不能明确得到应有的实物形态所有权，其经营权也难以强化。显然，要进一步深化企业改革，完善企业经营机制，只在经营权上做文章是不够的，必须研究所有制的改革”。“可以设想，对全民所有的资产，国家有价值形态所有权，企业有实物形态所有权，同一全民所有的生产资料，也通过了'双重的完全不同的运动'。国家只是通过某种适当的途径把资产'贷出去'，企业则把资产用在生产上。"

1992年我在《关于两权分离的界定问题》（《企业管理》1992年第3期）一文中指出，"所有权两种形态的分离有这样几个特点：①它发生在企业的生产过程之外。②它和所有权与经营权的分离可以并行不悖，即管理劳动可以同'自有资本或借入资本的所有权相分离'。③它为资本的复杂运动提供了可能性。它可以表现为实物形态的积聚和价值形态的离散，如一个企业接受多个货币资本家的贷款；它也可以表现为价值形态的积聚和实物形态的离散，如一个金融财团向多个企业投资；等等。这将有利于从根本上解决国家直接经营企业、政企不分的问题。""从理论上说，全民所有制企业能够通过两种所有权的分离达到企业内部所有权和经营权的统一。当然，这并不妨碍企业在生产过程中实行所有权和经营权的分离，就像产业资本家请管理专家当经理一样"。同时指出，"东欧一些国家20世纪50—60年代搞经济改革开始，就把改革国有企业的基本思路放在所有权和经营权的分离上，如布鲁斯曾提出的分权模式，而忽略了所有权自身价值形态与实物形态分离这一层次。我国的经济体制改革也把所有权和经营权的分离作为基本理论依据。现在看来，避开所有权自身的分离，在国家和企业之间实行所有权和经营权的分离是有问题的"。

### 2. 对国有企业进行分类改革

在《试论厂长身份和所有权与经营权分离》（《中国

企业家》1986年第11期）一文中，我提出以“两种所有权分离”指导国有企业改革时，就说明不是所有全民所有制企业都应采取同一个模式进行改革，“带有垄断性质、对国民经济具有重大影响力的企业和公共事业等部门的主要企业仍应由国家控制，一般参与市场竞争的企业可实行‘两种所有权分离’，小型国有企业可以出售转让，国家连法律所有权也不需要保留” 。在《论承包、租赁经营的理论依据》（《中国经济体制改革》1988年第1期）一文中提出，可将当时的国有企业分三类加以考虑：

“第一类是带有垄断性质，对国计民生具有重大影响的企业，如邮电、铁路、航空、电力、军工、城市公用事业等部门的主要企业以及其他一些部门的少数特大型骨干企业，可仍由国家经营。国家可以通过对这上千个企业的控制，调节宏观经济。这类企业既是国家经营，就不能破产，经营不善时应采取其他办法解决。破产法不适用于这类企业。”

“第二类是积极参与市场竞争的企业。这类企业通过法律程序明确有了生产资料实物所有权之后，在国家法令规定范围内自主经营，人、财、物均不得被无偿占用，并对全民生产资料在企业中的运行负全责。这就奠定了它们独立的经济地位，使它们有了独立的意志和财产。这类企业经营不善，可以破产，如同产业资本家无论用自有资本还是用借入资本经营都可能破产一样。”

“第三类是部分小型全民所有制企业，可以根据具体情况，通过出售、转让，转归集体或个人所有，国家连法律上的所有权也不保留。”

### 3. 在“两种所有权分离”的基础上发展混合所有制

由经济学逻辑推导，实行价值形态与实物形态“两种所有权分离”，将为企业的混合所有制形态提供理论前提。1986年，我在《试论厂长身份和所有权与经营权分离》（《中国企业家》1986年第11期）一文中分析指出，“从法律上的所有权看，随着生产规模的扩大，原来的全民所有制企业可能演变为国家所有和企业集体所有的‘混合经济组织’”。

1989年，我在《企业改革两种思路的理论比较》一文中进一步分析指出，“无论全民所有生产资料的价值形态和实物形态分离后各自如何独立运动或相互组合、相互作用，从国家的角度说，是价值形态的积聚和实物形态的离散，并保证其总体价值增值，从企业的角度说，是实物形态的积聚和价值形态的离散，且企业作为一个独立的经济实体，还可以从集体、个人以及私人资本、外国资本等方面筹集资金，把不同性质生产资料的价值形态转化为由企业统一经营的实物形态，并保证其国有资产增值”。并指出“两种所有权分离”将为不同所有制的价值形态资产在一个具体企业中混合经营开辟道路。

2014年，我在中国经济50人论坛长安讲坛上发表题为《混合所有制——公有制与市场经济的衔接点》的讲演（参见《中国经济新常态与政策取向》，中国经济出版社2015年版），再次强调：“发展混合所有制需要分类实施。是不是所有国有企业必须百分之百实行混合所有制？我觉得不一定。美国的分类里第一类国有企业百分之百还是国家的，法国至今也还有国家全额控股的公司，挪威石油公司过去也是百分之百国家控股。西欧国家公用事业、核能、军工等行业的企业75%以上是国有独资或绝对控股，我们作为社会主义市场经济国家，保持一定的国家全额或绝对、相对控股企业完全有必要。可以把国有企业分成公益、保障、竞争三类。公益类指的是提供公共服务方面的企业，十八届三中全会决定也指出国有资本要加大对公益性企业的投入，在提供公共服务方面做出更大贡献。保障类指的是在当前条件下保障国家经济安全的企业，将来经济社会发展了，可以适时调整。比如说航天航空核心企业和一些稀有或重要资源企业，现在就可以列在保障类。我看到有的把这类企业列为战略类。实际上，在各种不同的分类中，对公益、保障或战略类企业国家还要全额或相对控股分歧并不大，主要争论在于竞争性领域国有资本还要不要控股或持股。有的学者提倡国有企业从竞争领域全部退出，有的地方要求国有资本百分之百退出竞争性领域。同时也有学者写文章，说混合所有制主要适用于竞争性领域，如果百分之百退出，混合所有制就没有了。我认为正是混合所有制，为国有资本进入和退出竞争领域提供了极大的灵活性。在竞争领域民营企业已经可以很好发挥作用，国家没必要去经营实体企业并为此承担竞争风险，但国有资本可以根据具体情况参股竞争性企业。这是我和一些人意见不太一致的地方。我认为在竞争领域国有企业不用绝对控股，也不一定相对控股，但是可以参股。参股灵活性很大，企业经营好可以从中获得红利，再用于国计民生，企业经营不好就退出。要求国有资本从所有竞争性领域完全退出的提法，我认为值得商榷。以行政命令搞运动的方式限期国有资本从竞争领域完全退出的做法更值得商榷。”

### 4. 组建投资公司管理价值形态的国有资产

在《论承包、租赁经营的理论依据》（《中国经济体制改革》1988年第1期）一文中我建议：“可设想成立全国性的全民资产管理委员会，下设若干个投资公司，作为国有资产的法人代表，分配国家投资和行使资产权利，其中包括对现有全民所有制企业的资产实行两种所有权分离，并收取利息。”并指出：“国家投资公司也具有自身的利润冲动和相应的市场风险。这样，将会使整个全民所有生产资料在社会主义商品经济中大大活跃起来。”

## 二 劳动力市场理论探讨

劳动力市场是1978年经济体制改革启动后最晚明确的生产要素市场。我曾多年作为中国雇主代表顾问参加国际劳工组织活动，在多边与双边国际活动中一直为如何介绍和解释中国的“劳务市场”而大费周章，这迫使我较深入地研究了这一问题，对劳动力市场的特殊性及这种特殊性必然要求的劳动力供求双方的组织行为，提出了一些个人的学术观点。

### 1. 为劳动力市场正名

20世纪80年代末90年代初，我多次在国际国内相关研讨会上建议用“劳动力市场”的提法替代当时流行的“劳务市场”一词。1992年底，我在劳动部理论务虚会上发表了讲话《劳动力市场国际比较》（《经济日报》1993年3月10日、12日连载，但更名为《劳动力流动国际比较》），对劳动力市场的名称问题做了比较深入的分析。“西方经济学也有关于职业介绍所、职业介绍机构等名称。但在谈到这一生产要素市场时，通行的提法只有一个，即 labor market。因为‘Labor’一词本身有劳动、劳动力、劳动者多种含义，而且在西方经济学中，对劳动与劳动力的区别也远没有马克思经济学那样严格（马克思早期也没有严格区分劳动力与劳动），这就使得现在对 labor market 的翻译很不一致。有的译为劳动力市场，有的译为劳动市场，也有的迁就国内提法而翻译为劳务市场。我认为自马克思把劳动力与劳动的内涵区分开之后，在劳动问题的研究方面已经形成了一整套逻辑关系十分严密的基本概念，马克思经济学在新的条件下要发展，一些提法需要更新，但关于劳动和劳动力的基本概念还适用。把 labor market 翻译过来，最好按照马克思经济理论关于劳动力、劳动的定义来确定相应的中文名词。”

我提出：第一，“劳动市场”的提法是不准确的。“因为劳动是人们支出自身劳动能力的活动，只有在生产工作过程中才能实现，按马克思的说法是无法在市场上进行交换的。”第二，“劳务市场”的提法也不准确。“‘劳务’一词在英文中是service，无论在西方经济学还是在马克思经济学中，劳务的原意都是指向消费者或其他需求者直接提供活劳动服务。这种服务一般都需要一定的劳动条件。因此，劳务价格不仅包括了劳动者付出劳动的报酬，还包括服务过程中使用工具、场地的折旧费和所耗能源的费用。劳务是一种可以直接被消费的商品。严格说，劳务市场不是一种生产要素市场，而是一种消费品市场。”第三，“劳工市场”的提法也不对。“劳工和劳动者是同义词，指工人自身，在资本主义社会劳动者不能像在奴隶社会那样由奴隶主自由买卖。劳工自身不存在市场交换的问题。这里顺便提一句，国际劳工组织《费城宣言》中‘Labor is not commodity’这句话，一般译为‘劳动力不是商品’，也有译成‘劳动不是商品’的。我认为译为‘劳工不是商品’更恰当，劳工组织章程接下来讲的就是结社自由等问题，而劳动力或劳动不存在结社问题。”“准确的提法应当是劳动力市场。因为真正在市场上进行交换的是劳动力，即在市场上已经存在的人的体力、智力。交换后，在劳动过程中劳动者的劳动能力就由劳动力需求方，雇主或经营者支配，雇佣期间发生了劳动力支配权的转移，因而构成了一种市场交换。”

结论是：“西方经济学中的labor market应当理解和翻译成劳动力市场，而不是劳动市场、劳务市场或劳工市场，更不是人才市场、职业市场等。我国实行社会主义市场经济，劳动力作为最主要的生产要素之一，也要投入市场，发挥市场配置劳动力资源的积极作用。从理论上讲，这样一种生产要素市场也应当称为劳动力市场。仍然叫劳务市场，不利于社会主义市场体系的形成和完善。例如劳务价格的含义就说不清，不知道它究竟指的是企业与职工在聘用合同中所达成的工资还是指各种劳务承包的价格。”

## 2. 劳动力市场的共性与特性

劳动力市场与其他生产要素市场有共性更有其特殊性，在构建劳动力市场过程中，应着重考虑它的特殊性。在《劳动力市场国际比较》和《以培育劳动力市场为主线深化劳动体制改革》（《中国劳动科学》1993年第11期）中，我分析了这一问题。

（1）劳动力市场与其他生产要素市场有着明显的共性。“都有需求方、供给方；在生产要素的所有权或支配权发生转移时，都有需求方向供给方支付费用的问题；费用大小要受供求关系的影响；在发生供求关系时，供求双方的利益主体必须明确。”

“关于劳动力供求双方利益主体明确的问题很重要。对于集资产所有权和经营权于一身的雇主和只有劳动力没有资产的工人来说，在发生劳动力供求关系时，利益主体当然是明确的。但这种传统的劳资关系现在变得复杂了。作为劳动力的需求方，企业资产的所有者与经营者可以分离，资产的价值形态所有者和实物形态所有者可以分离，其中价值形态的所有者在股份公司中又呈现多元化、分散化的状态，例如美国通用汽车公司的股东多达200万人。而作为劳动力的供给方，许多职工现在也并非毫无资产权利，不少人拥有其他公司的股票，也有的公司中职员可以拥有本公司的部分股份。这样一来，利益主体似乎有些交叉的地方。但这种交叉只是发生在劳动成果的最后分割上，即持股职工除了工资之外还要分到股息。而在劳动力的使用方面，无论企业的产权结构如何，都仍然存在着劳动者把自身拥有的劳动力交付企业经营者支配的过程，在这一过程中劳动力数量、质量的供求状况和劳动报酬仍然受到供求关系的影响，各种劳动条件仍然需要由企业经营者和劳动者双方通过谈判达成契约。这些并不因为职工持股而有多大变化，且职工的劳动收入和股息收入也是界限分明的，决不混淆。因此，西方经济学者认为就劳动力供求关系来说，利益主体还是明确的。为了回避企业产权关系多样化对劳动力市场的复杂影响，现在西方经济学者常用劳动管理关系（labor management relation）来描述劳动力的供求关系，即以经营者代表企业与劳动者对话。其中关键问题还在于无论企业的产权结构如何不同，它们都不会和国有资产混淆，国家不干涉企业的用人问题，企业是劳动力的需求主体，这就使企业的相互竞争在劳动力市场方面得到保证。”

“在我国，过去劳动力主要由国家统一按计划安置，劳动力的供给方和需求方集于国家一身，当然谈不上劳动力市场问题。改革以来，从劳动力的需求主体看，我国实行以公有制为主体多种经济成分共同发展，如个体经济、私营经济和三资企业近年发展很快，使劳动力的需求方多元化了。更重要的是，在国有企业的改革中，变国家用工主体为企业用工主体，使国有企业的劳动力的需求方也呈现多元化趋势，这为劳动力市场的建立提供了最基本的前提条件，改革方向是完全正确的。从劳动力的供给主体看，我们现在承认劳动力归个人所有，职工有选择工作的自由，理论上已经确立了职工作为劳动力供给的主体地位。这样，不论国有企业职工作为全民资产的所有者之一在最终利益分配上还有哪些所得，就他们在一个具体的企业中与企业经营者的关系说，已经初步具备了建立劳动力市场的一般条件。”

（2）劳动力市场的特性。“各种生产要素市场都有自己的特性。例如金融市场是以价值形态存在，而不以实物形态存在，而房地产市场就不能脱离实物形态。劳动力市场也有许多特性，我认为与其他所有物的生产要素市场相比，根本不同点是劳动力永远附着在劳动者身上，而无论其支配权是否发生了暂时的转移。”“在劳动力市场上劳动力的所有权并没有转移，是支配权发生了转移。劳动力市场严格说不是一种买卖市场（尽管人们习惯于说买卖劳动力，但这和其他商品的买卖是不同的），而是一种特殊的租让市场。”从劳动力市场的这一特殊性推导，我得出如下结论：

“①对于其他生产要素市场来说，供求双方的关系一般只发生在市场交换过程中，不会延续到生产过程中。例如，机床或钢材购进之后怎样使用或加工完全由买方决定，与卖方毫无关系。但劳动力的需求方——经营者在取得劳动力的支配权后，仍然要通过劳动力的供给方——劳动者来使用其劳动力，因此在整个生产过程中都存在着劳动力供求双方的关系问题。因而劳动力供求双方的关系远比其他生产要素市场供求双方的关系复杂。②对于其他生产要素来说，需求方一旦取得其所有权就可以任意处置，包括将其长期储存（例如资金）或报废（例如机床）。但劳动力不能像其他生产要素那样被储存或报废，劳动力在脱离生产过程时，仍然要维持其载体——劳动者的生计。例如工伤疾病津贴、失业津贴等。就是劳动者因年老丧失劳动能力了，也不能被报废了之，还要由雇主和工人共同负担养老金。③劳动力供给方可以组织起来为提高劳动力的价格，以及改善生产过程中的劳动条件同劳动力需求方进行集体谈判。”此外，“劳动力的供求双方始终表现为人与人之间的关系。从经济运行的角度看双方是劳动力的供求关系，从社会生活的角度看双方都有平等的政治权利。因此，这种关系具有社会性、政治性，一旦处理不当，就会造成社会政治生活的不稳定。而其他生产要素市场的供求关系一般不具有直接的政治性质”。

### 3. 建立集体谈判机制

鉴于劳动力市场的特殊性，建立劳动力供求双方的组织行为，推行集体谈判制度具有十分重要的意义。我在《劳动力市场主体与集体谈判》（《国际劳工调研》1994年第1期，刘燕斌、张庚辰参与此文撰写）一文中指出：“一是由供求双方的代表性组织进行集体谈判来确定劳动条件，协调有关的劳动关系，可以使政府处在比较超脱的地位，正常情况下不会与经营者组织或工会组织发生直接的对立，从而有利于社会和政治局势的稳定。一是由经营者组织和工会组织通过集体协议约束劳动力市场上的个人行为，特别是企业内部的大量劳动关系，政府就可以摆脱日常的、个别的、具体的劳动关系，集中力量于宏观调控和立法监督。”“因此，要在我国培育和发展劳动力市场，根据劳动力市场的运行特点和西方国家的经验，在政府退出劳动力资源配置的主体地位以后，必须实行集体谈判，才能保证建立起稳定和谐的劳动关系，促进社会稳定和国民经济的迅速发展。” 针对20世纪90年代初期的经济发展情况，我在这篇文章中分别对非公有制经济组织和公有制经济组织都应建立集体谈判机制进行了分析，重点论证国有企业也应建立集体谈判机制。

2010年参加中国人民政治协商会议

（1）非公有制企业应当建立集体谈判机制。“西方国家战后几十年来，劳资矛盾相对缓和，基本上没有大的社会动荡，实行集体谈判是其中的一个重要因素。近年来，我国在非公有制经济部门，克扣工人工资、延长工时、忽视安全生产、缺乏社会保险待遇等侵犯工人正当权益的事件时有发生，停工、罢工事件呈上升趋势。考虑到我国劳动力供给将长期大于需求，单个劳动者的利益很容易受到雇主的损害。如果在培育劳动力市场的过程中，政府逐步退出劳动关系具体事务，又不适时地推行集体谈判以便灵活有效地处理各种劳动纠纷，保护劳动者利益，那就必然会产生‘地下工会’，各种敌对的社会势力也会乘虚而入，从而可能导致严重的社会动乱。我们认为，这绝不是危言耸听。”

（2）国有企业也应当建立集体谈判机制。“在西方国家，公共部门包括国有化企业和公职部门的集体谈判，从政府控制程度和单位领导和自主权来看，大致分为三种类型：第一种类型是德国和奥地利。在这两个国家中，州政府是众多部门企业的雇主，行业集体谈判签订的协议既适用于私营企业，也适用于公共企业，公、私企业在民事权、劳动法以及劳动关系方面都执行同样的法规。第二种类型是日本。公共企业的职工虽有集体谈判权，但实际意义不大，因为这些企业的工资福利标准及其他重大决策都处于政府的严格财政控制之下，这些企业的领导只是与工会谈判工资的有限度增长问题。第三种类型是处于这两者之间的大多数国家。在法国，政府曾于20世纪60至70年代大力鼓励公共企业进行集体谈判，允许企业领导有签约权，但是，观察家们认为，实际上重大决策都是由政府做出的。在英国，部长们对国有化企业的理事会行使着有时大、有时小的监督权，有关工资的决策一般需报主管部门批准。甚至在1958年、1962年、1965年，首相曾亲自在最后阶段掌握铁路员工的工资谈判，在1972年、1974年又亲自参与同矿业工会的集体谈判。在美国，国有企业雇员的集体谈判在20世纪60年代以前是被禁止的。后来迫于工人斗争的压力，同时也看到私营部门集体谈判对缓和劳资矛盾起到了积极作用，开始允许在国有部门进行集体谈判。1959年威斯康星州通过第一个允许政府部门雇员同人事劳动主管部门进行集体谈判的立法。1962年美国总统肯尼迪发布10988号执行命令，赋予联邦国有部门职工参加工会的权利，使美国国有部门的集体谈判合法化。到1986年，美国大多数州都通过了允许州或地方政府部门的雇员进行集体谈判的法令。美国公共部门集体谈判在内容、方法、程序上大致与私营部门相同，主要区别在于：①工会的谈判对手不是雇主协会，而是这些单位的人事劳动主管人员；②

工资水平不是由集体谈判决定的，而是按1962年的《可比立法》比照私营企业同类职业工人工资水平加以确定，但工会可以通过谈判施加压力以确保达到应有的工资标准。”

“从以上西方各国情况看，可以得出两点结论：一是西方国家的公共部门包括国有企业和公职部门都可以进行集体谈判；二是政府对公共部门的工资确定大都保持着不同程度的直接控制权。参照西方国家的经验，我们认为，随着我国国有企业经营机制的转换，产权关系的逐步明晰，以及政企分离、企业自主权的落实，在国有企业中开展集体谈判应当是不成问题的。”



#### 4. 关键问题是建立规范的劳动力市场组织行为

我在1992年劳动部理论务虚会上的发言指出，建立和

参加2018中国经济形势与改革研讨会

完善劳动力市场不是劳动部门一家可以包揽的任务。因为“实行政企分离后，政府不再代表企业了，企业需要有自己的组织，这是对国有企业而言。至于非国有企业的经营者，政府本来就不能代表它们，当然更需要有自己的组织”。“从培育劳动力市场的角度出发，还要考虑工会职能的转变问题。工会的政治职能和经济职能是相关联的，但不能混为一谈。以建立社会主义市场经济为目标，从劳动力市场供求双方需要有明确的利益主体代表出发，在经济利益方面，工会应当是劳动力供给方的代表，而不能是政府、企业、职工三方的代表。”

自十四届三中全会文件明确提出劳动力市场至今，20多年过去了，劳动力市场建设在许多方面取得了积极进展，但在完善劳动力供求主体的组织行为（一些学者称为集体行为）方面进展迟缓。我在《劳动力市场与劳动关系》（参见《中国改革报告2013》，法律出版社2013年版）一文中分析指出：“如果要在涉及劳动力市场的诸多矛盾中抓主要矛盾，劳动力市场组织行为的缺失，是目前我国劳动力市场发育的瓶颈。”“由于劳动力市场组织行为缺失，劳动争议案特别是集体劳动争议案绝大多数由政府出面直接处理。由于劳动力市场组织行为的缺失，政府只好直接干预企业内部的劳资纠纷，原本应由劳动力供求双方协商解决的市场机制被大大局限住了。同时人们看到，缺少劳动力供求双方组织行为的制约或平衡：当政府急于招商，提出重商富商口号时，劳动者的权益往往容易受到侵害；当政府关注民生，侧重保护弱势群体时，经营者的权益往往容易被忽视。”“完善劳动力市场的组织行为，涉及雇主组织和工会。这显然不是单纯的经济问题，而是关系到社会体制和政治体制的综合性问题。在社会主义市场经济条件下，工人的组织权、谈判权、罢工权如何界定？经营者的组织权、谈判权、关厂权如何界定？这些问题都需要进一步解放思想，借鉴成熟市场经济国家的经验，立足我国劳动力市场的实际情况，认真加以研究解决。”

## 三 就业理论探讨

自工业化以来，就业始终是困扰发达国家的重大问题。我国从农业国转向工业国，其间又经历从计划经济向社会主义市场经济的转轨，这两个转轨交织，使世界第一人口大国的就业问题呈现出更加复杂的局面。我从20世纪80年代至今，一直关注就业问题，参与了相关理论争论，提出了一些学术见解。

### 1. 社会主义初级阶段将长期存在失业

我在1990年出版的《中国企业管理百科全书（增补卷）》“人力资源开发篇”“失业”条目中，对社会主义初级阶段的失业问题做了如下分析：“马克思认为，在资本主义社会，失业是私有制和现代工业发展的必然产物，是资本主义生产方式存在的条件之一。随着资本积累的增长和资本有机构成的提高，被机器所排挤的产业工人越来越多。过剩的工人人口形成一支可供支配的产业后备军，它绝对隶属于资本。资本家可以利用失业大军压低在业工人的工资，提高劳动强度，加强对在业工人的剥削。马克思主义的创始人曾经设想，在社会主义制度下，随着私有制的消灭，劳动者和生产资料直接结合，失业现象将会根除。各社会主义国家在取得革命胜利后的一个阶段也都曾宣布解决了失业问题。”

“但实践证明，即使在社会主义国家，要想做到在劳动年龄内有劳动能力的人完全就业也是很困难的。国家用行政手段迫使企业吸收劳动力以消灭失业，结果大量‘潜在失业’给经济发展造成巨大障碍。有关资料反映，20世纪80年代中期，南斯拉夫、匈牙利、波兰、罗马尼亚和民主德国都不同程度存在失业现象。中国的社会失业率现在只2%左右，但全民所有制企业职工中‘在职失业者’高达15%～20%。随着一些社会主义国家进行经济改革，不同程度地引进市场机制，这些国家原来潜在的失业问题日益表面化了。20世纪80年代后期，南斯拉夫的失业率高达两位数字。中国实行劳动合同制和企业破产法之后，失业已经成为迫切需要解决的现实问题。为此，各社会主义国家开始重新认识失业现象。一些学者提出，失业现象虽然是伴随资本主义制度产生的，但它有更深层次的原因，它是商品经济的必然产物。在社会主义商品经济条件下，依然存在着如下问题：企业有机构成提高造成的劳动力剩余；市场竞争中企业扩张、收缩或破产对劳动力需求的变动；产业结构变动所要求的宏观劳动力结构变动；等等。实践证明，只采用行政手段不能满足上述劳动力变动的需要，必须引入市场机制调整劳动力资源的宏观配置。这将使部分劳动者和生产资料暂时分离，成为失业者。保持一定数量的失业者有利于调整产业结构，优化竞争环境，提高劳动生产率，符合劳动者的整体利益、长远利益。因此，从商品经济发展的客观要求看，资本主义社会的失业和社会主义社会的失业没有多大区别。所不同的是：在资本主义社会，失业被资本家利用，作为压迫工人阶级、最大限度获取利润的手段，具有阶级对抗性质，往往是过量的；在社会主义社会，失业应当成为工人阶级维护自己整体利益、长远利益的一种手段，表现了劳动者整体与部分之间的非对抗性矛盾，一般应当是适量的。从中国经济改革的情况看，把在职失业转化为社会失业是劳动制度改革的重大突破，是实现企业与职工就业双向选择，建立能进能出、相对稳定、合理流动的新型用工制度的前提条件。”

在这一条目中，我还对非自愿性失业、自愿性失业、长期性失业、周期性失业、季节性失业、结构性失业、技术性失业、隐蔽性失业以及半失业现象做了分析，并说明这几种类型的失业现象在社会主义社会实际上都不同程度地存在着。

### 2. 转轨时期的人力资源开发与就业战略

我在国家社科基金“八五”重大项目“中国人力资源开发与就业”总报告中提出了转轨时期促进就业的六大战略（参见宋晓梧主编《中国人力资源开发与就业》，张小建、陈宇参与总报告的撰写，中国劳动出版社1997年版）。

（1）在计划配置与市场配置的关系方面，始终坚持以市场为导向的人力资源开发和就业体制改革。“实践证明，高度集权的计划经济体制已不能适应现代科学技术发展的进一步要求。按国家计划严格配置劳动力资源，统包统配就业，压抑了企业和劳动者双方在人力资源开发和就业中自身的积极性，造成'学非所用''用非所学'等严重的人力资源配置失调现象，导致'大锅饭''铁饭碗'及国有企业人员过剩等问题。要从根本上解决这些弊端，出路只能是从以计划为主转向以市场为主配置人力资源。在这一转变过程中，政府应退出劳动力资源配置的主体地位，让企业和劳动者在市场竞争机制的激励和压力下活跃起来，充分挖掘自身开发人力资源的潜能，扩大就业数量，提高就业质量。"

"随着各项改革的配套与深化，政府对人力资源开发与就业的计划行政干预力度应逐步减轻，能够用经济手段进行调控的，就不要用计划行政手段。在不得不采用计划行政手段时，应当清醒地看到尽管这种手段在短期内效果明显，但计划行政手段越强，经济单位利用政府行政职权的'寻租'可能性也越大，出现行政腐败和市场扭曲的可能性也越高。积极地、不失时机地随着市场的成熟减少计划行政干预力度，加大经济调控力度，是使人力资源开发与就业从过渡时期的双轨体制顺利转变到市场体制的关键。"

（2）在物质资本积累与人力资本积累的关系方面，建立以人力资源开发为中心的国家发展战略。"第二次世界大战后创造了经济发展奇迹的新兴工业化国家和地区，都是在物质资源不足的条件下，通过人力资源开发和人力资本积累取得了重大成就。中国与其他获得经济成功的国家和地区比较，一个最大的差距是至今未找到一种激发全民族人力资源开发和人力资本积累热情的机制。改革开放以来，随着资产、物业、股票、证券等市场日趋成熟，一个全民族的物质资本积累的热潮正在形成。但是，如何激发起全民族的人力资本积累积极性，特别是在教育投资、技能开发投资、人力资源流动投资和职业经济信息投资等方面建立正常的经济机制，掀起一个全民族的人力资本积累热潮，是当前迫切需要解决的问题。”

“要全面调整改革国家人力资源开发政策，从根本上改变教育培训投资水平低，教育培训转化为生产力的水平低，教育培训与生产和经济活动脱节，人力资源管理控制与人力资源开发使用脱节的问题。要推行学历文凭证书与职业资格证书并重，普通教育与职业教育并重的制度，建立新型国家人力资源开发培训和人力资源评价考核双重体系。通过政策和利益导向，逐步纠正社会各阶层片面单纯追求学历文凭的倾向，引导劳动者向经济发展和社会需要的各个职业领域全面发展。”

“改革开放15年来，中国成功地学会了利用市场机制促进经济高涨。但是，如果我们不能进一步学会利用市场机制节约严重匮乏的物质资源，制止正在蔓延的环境污染，开发全世界数量最大、素质相对低下的人力资源，那么中国的发展不可能持久，现代化不可能成功。今天的中国离开了全民族的严格节约物质资源、慎重保护生态环境、全力开发人力资源的自觉意识，离开了一个全民族的人力资本积累热潮，就没有出路。所谓中国可持续发展战略，只能是以人力资源开发为中心的发展战略。”

（3）在经济发展与促进就业的关系方面，把就业列入国家宏观经济政策的重要目标。“在整个‘九五计划’期间，以及21世纪初期，随着我国市场经济体制的确立和劳动力市场的发展，就业压力及其对经济发展、社会稳定、物价波动，以及国际贸易等的相互影响会越来越强烈地显现出来。就业将成为整个宏观经济中的头等大事。”

“发达市场经济国家的历史表明，就业始终是政府宏观经济政策的重要目标，在局势严峻时则是头等目标。”“我国国情与发达市场经济国家不同，工业化过程决不允许立足于海外扩张和大量移民，只能立足本国解决农村剩余劳动力和企业冗员的双重负担。因此，在向市场经济转轨过程中，我们承受的就业压力更大，理应比发达市场经济国家更重视就业。但是，由于长期以来在理论上和观念上认为社会主义国家不存在失业，现实存在的严重就业困难又被多种复杂经济现象所暂时掩盖，再加之传统计划管理部门分割的影响，至今我国还没有把就业同经济发展、物价稳定等问题同等看待，列入国家宏观调控的主要目标。我们认为，现在是把‘实现充分就业’从劳动部部门目标提高到国家宏观经济目标的时候了。由于在今后20年或者更长时期内，我国处于劳动力无限供给和经济体制转轨的特殊时期，就业应当放到国家近中期宏观经济政策的首要目标地位上。当然这并不妨碍在出现经济过热或恶性通货膨胀时，政府集中力量抓稳定经济或稳定物价。”

（4）在社会保障水平、工资水平与就业水平的关系方面，树立优先保障就业水平的观念。“明确就业是我国近中期宏观调控的首要目标，在确定和调整社会保障水平、工资水平时，就应把有利于促进就业作为基本前提。在市场经济条件下，社会保障水平、工资水平与就业量之间是相互影响的，并有内在的制约关系。一般情况下，当就业供给不足时，应当适当提高工资水平和社会保障水平，以减少企业对劳动力的需求，加大市场对劳动力的供给。当失业率高，劳动力供大于求时，则应当适当压低工资和社会保障水平，以利于企业多招收职工，并促使失业人员积极寻找职业。但工资水平和社会保障水平都具有一定的刚性，上去了很难降下来，因此多数情况不是减低工资或社会保障发放标准，而是在一定期限内缓调社会保障发放标准或实际冻结最低工资标准。”

“在当前以及今后20年内，我国应坚持就业优先的目标，兼顾社会保障与工资水平。在社会保障方面，覆盖面要广，起点要低；原国有企业较高的养老保险待遇应逐步降低替代率，并增加个人负担的比重；现在已经确定了较高水平的，今后应注意缓调标准。在工资方面，我们不主张恢复以牺牲劳动生产率为代价、‘三个人活五个人干’的‘低工资、多就业’政策，这个问题随着政企分离，企业用人自主权的确立和劳动力市场上竞争秩序的完善将自然解决。但是现在‘高工资、低就业’的主张也行不通，要防止最低工资的确定导致过高的工资水平，抑制就业水平；现在各地已经通过立法形式确定的最低工资标准，经过实践证明影响到扩大就业的，在今后的调整中要考虑在不降低名义最低工资标准的前提下，逐步降低实际最低工资标准。”

（5）在就业总量与就业结构的关系方面，从侧重总量控制转到总量调控与结构调整并重。“在劳动力供给远大于需求的条件下，就业总量的调控仍然是十分重要的。就业总量调控的重要指标是失业率。我国城镇失业率一直较低，20世纪80年代以来基本保持在3%以下，但这是以国有企业内部消化冗员为代价的，而且只统计城镇失业状况，没有把进城无户口的农村人口统计在内。现在要下决心建立现代企业制度，理顺国有企业产权关系，完善社会保障体制，解决国有企业办社会等问题，在此基础上把国有企业冗员逐步推向社会，使国有企业同其他各类企业平等竞争，就必然面临社会失业率提高的问题。考虑到国有企业‘消肿’与农村劳动力转移对就业的双重压力，对照苏联和东欧一些国家在经济转轨过程中出现的高失业率，我国在经济体制进入深层次改革后，可能出现较高的失业率。政府应当采取积极的劳动力市场政策，发展劳动密集产业和资本有机构成较低的中小企业，扩大就业门路，同时适时缩短工时，采用非全日制工作和各种灵活工作方式，以及增加教育或职业培训年限，缩短退休年龄，等等，缓解就业压力。”

“就业结构调整对就业总量平衡影响很大。发达市场经济国家对就业的宏观调控是先从总量入手，后来逐步发展到产业、技术结构调整。而我国就业结构调整的重要方面是所有制结构变动。1993年与1978年比较：城镇国有单位从业人员占城镇从业人员总数的比重从78%下降到68%；集体单位从业人员的比重保持21%不动；而其他各类经济单位的从业人员从1%急剧增加到11%。从绝对数量上看，1993年与1978年相比：国有经济从业人员增加了3469万人，增长46%；集体经济从业人员增加了1345万人，增长了65%；而个体、私营、外商投资经济组织从业人员增加了1636万人，增长了110倍。显然，公有经济尽管在就业结构的比重上不断下降，但仍然是城镇就业的主渠道，吸收了3/4的新增从业人员，非国有经济也开始发挥重大作用。如果仍沿着国有经济单一渠道走，我们面临的就业困难就会比现在大得多。”

“就业结构调整从根本上说是产业、技术和所有制结构变动的结果。但就业结构并不完全处于被动状态。如果能够从宏观经济发展方向上把握产业、技术结构变动的趋势，通过调整教育结构和职业培训、技能开发政策等措施引导就业结构调整方向，就会对经济发展起到重要的促进作用。反之，就业结构调整滞后于产业、技术结构变动，将造成大量结构性失业，并严重阻碍国民经济发展。因此，从就业发展战略看，从20世纪90年代后半期到21世纪初，工作的重点将从重视总量逐步转向总量与结构并重，从主要抓新增劳动力就业到就业与再就业并重。”

（6）在农村就业与城镇就业的关系方面，从重城轻乡转到城乡统筹，有序转移农村剩余劳动力。“从一定意义上说，现代化过程就是农业社会转变为工业社会的过程。中国的现代化建设速度问题，最终可以归结到农业劳动力向非农产业转移的速度问题。农村就业与城镇就业的关系主要是农村剩余劳动力向第二、第三产业转移的途径、规模和速度问题。在计划经济体制下，我们往往只考虑城镇就业，似乎农村不存在就业问题。市场经济的发展，特别是全国范围的劳动力市场的形成，必然使得从土地束缚下解放出来的农村劳动力逐步进入统一的劳动力市场。过去用行政手段隔离城乡劳动力资源的做法将越来越失效，政府必须统筹考虑城乡劳动力的开发利用和流动，才能最终解决好全国劳动力资源的配置以及城镇地区的就业问题。”

“在促进农业劳动力向非农产业转移的过程中，还有一个特别需要注意的问题，即由于当前农用生产资料价格上涨过快，工农业产品剪刀差过大，农业生产比较利益过低，因此大批农业劳动力离开农村，盲目流向城市寻求出路。这种城乡比较利益的巨大差异引发的农业劳动力外流，并不表明农业真正不需要这些劳动力了。农业是整个国民经济的基础。我国农业生产状况的总水平不高，向生产的深度和广度发展的余地很大。在调整城乡劳动力结构的时候，一定要在加大农业投入、改善农业基础设施建设的同时，给农业留有充分的、足够多的劳动力。”

### 3. 走出GDP增长8%才能保就业的误区

2009年，为应对世界经济危机，我国政府再次提出保8%的GDP增长。学者们论证说现在落实科学发展观，保“8”不是GDP挂帅，而是为了保民生、保就业，因为如果没有8%的GDP增长就解决不了就业问题。这似乎成为自20世纪90年代中期以来官员和学者们的“共识”。实际情况是不是这样呢？我认为需要进一步研究。在2009年全国政协的专题协商会和中国经济50人论坛长安讲坛上，我多次论证不存在GDP增长8%以上才能保就业的经济理论（参见《促进就业——近期政策与长期战略》，此文被收入中国经济50人论坛丛书《长安讲坛第五辑》，中国经济出版社2011年版）。

“GDP增长与就业增长一般是正相关关系，增加投资肯定会带动一些就业，但是投资到不同的产业，增加就业的容量会有很大的差别。国家统计局提供的数据表明，20世纪80年代我国GDP每增长一个百分点可以拉动200多万人就业，这一数值到20世纪90年代下降到了100多万，21世纪以来基本徘徊在100多万，有时候GDP增加一个百分点，只能拉动80多万人就业。就业是影响全局的问题，而我们在经济高速发展的过程中，就业弹性不断降低，要解决就业问题就必须有很高的经济发展速度，这也是多年来要力争经济增长8%的原因所在。我们不认真研究如何提高就业弹性，只是依靠提高 GDP的增长来保就业，这恰恰是靠投资拉动的粗放型经济增长方式的路径依赖。”

（1）就业弹性的国际比较。“OECD（经济合作与发展组织），其总体就业弹性在2006年是0.63，2007年是0.48，G7（七国集团）2006年的就业弹性是0.58、2007年是0.51，欧盟地区分别是0.68、0.78，大都是中国就业弹性的5倍以上。即使与其他发展中国家比较，中国的就业弹性也明显偏低。墨西哥、菲律宾、新加坡、巴基斯坦、缅甸、土耳其、马来西亚、印度尼西亚、印度、泰国的就业弹性系数分别是中国的6.7倍、5.7倍、5.5倍、4.3倍、3.8倍、3.2倍、3.1倍、2.9倍、2.4倍和1.5倍。”“如果看投资的就业弹性，就更加大幅度下降了，我国全社会固定资产投资的就业弹性从1990年的1.09下降到2003年的0.03，2004年的0.038，2005年的0.03。”

（2）我国就业弹性低的原因分析。多年来过多依靠投资拉动经济增长是造成我国就业弹性降低的主要原因。具体表现在以下三个方面：

第一，产业结构调整迟缓。“近10年来,可以大量容纳就业的第三产业产值比重停滞在40%左右，第三产业的就业比重停滞在30%左右。日美欧发达国家的第三产业产值比重都在70%以上，发展中国家平均水平也达到了45%。而我们国家在1978年时，第三产业产值占GDP的比例为23.9%，2000年为31.6%，2003年以后一直徘徊在40%左右。从就业结构的变化来看，第三产业劳动力占总劳动力的比例在2000年是27.5%，2003年是29.3%，2006年是32.2%，2008年是33.2%，2008年比2006年仅提高了1个百分点。所以，中国产业结构变化比世界平均水平要差，比发展中国家要差，比发达国家当然更差得多了。这也是中国就业弹性比其他很多国家低的一个重要原因。”

第二，收入分配失衡。“我国职工工资总额占GDP的比重一直呈下降趋势，从1980年的17%持续下降到了2005年的10.76%，2007年上升为11.32%，2008年也在11%左右。国民收入中用于雇用员工的工资比重大幅度下降，会严重影响就业总量。从1998年到2007年，工业企业利润在大幅度上升，财政收入增长相对较慢，城镇单位人员的劳动报酬增长率最低。这反映了资本收益和劳动报酬比例关系的严重失衡。统计数字显示，收入法国内生产总值中的劳动者报酬额从1990—1992年有所下降，随后不断增长，1996年劳动报酬占GDP比重最高，为53.40%。1996年以后，劳动报酬占GDP比重持续下降，2003—2005年下降幅度最大，2007年劳动报酬占GDP比重为39.74%，与1996年相比，10年内下降了13.66个百分点。与此同时，企业营业盈余所占份额不断增加，由1998年的18.99%，迅速增加到2007年的31.29%，尤其是2003—2005年劳动报酬所占比重大幅度下降阶段，营业盈余所占比重大幅度提高。”“假设2007年工资总额占GDP的比重维持在1990年的15.77%，以2007年的社会平均工资为基数，可多容纳4600万人就业。按2007年全国最高社会平均工资的广州市的4万元估算，还可多容纳约2860万人就业。再考虑增加雇员时雇主需支付的社会保险等支出约占工资总额的40%，仍可多容纳1500万人就业。与此比较，我们现在采取很多具体措施来增加就业，多少给人一点扬汤止沸的感觉。”

第三，垄断行业工资福利过高。“在一国工资总量既定的情况下，一部分人占有过高的份额，必然影响就业总量。我国工资分配差距过大已影响了就业。以行业差距为例，国家发改委就业和收入分配司编写的《中国居民收入分配年度报告（2008）》列举了18个行政性垄断行业，指出其职工总数占在岗职工人数的10.8%，工资总额却占了全部行业的17.2%。平均工资最高的金融业与最低的农林牧渔业相差4.46倍。如果把垄断性行业的住房等各种福利待遇统计进来，中国改革基金会国民经济研究所的《国民收入分配状况与灰色收入研究报告》认为差距在7倍左右。2009年5月4日出版的《人民日报》（海外版）引用统计局的一组数字说，平均工资最高的证券业是全国平均水平的5.9倍，金融业是全国平均水平的3.0倍，航空运输业是全国平均水平的2.6

倍。而平均工资最低的木材加工及木竹藤棕草制品业只有全国平均水平的53.6%，纺织业只有全国平均水平的55.5%，农副食品加工业为全国平均水平的60.1%。最高行业与最低行业平均工资之比为11∶1。我国现在处于经济高速发展的后期，与20世纪80年代日本经济起飞后期的行业差距相比（以制造业为100，则金融保险业仅为138），与国际劳工组织发布的发达国家行业工资差距一般不超出2倍相比，显然垄断行业占有了过多的工资份额。”“垄断行业凭借对关键资源的独自拥有或政府赋予的排他性生产某种产品的权利，既享受投资、信贷、税收等方面的政策扶持，又垄断生产要素、经营范围或产品价格。垄断利润通过各种途径转化为该行业职工工资福利，导致垄断性行业平均工资过高。如果把中国行业平均收入差距降到合理的比例，节省的工资福利基金可以扩大几百万人就业，并有利于大学生扩大择业范围。”

（3）宏观调控四大目标的顺序可适时调整。“经济增长、促进就业、稳定物价、国际收支平衡，这四大宏观调控目标在不同阶段可以有不同侧重点。我国一直把经济增长作为首要目标，在物质财富匮乏的国情下有其合理性。现在的突出问题是我国的综合国力有了很大提高，但就业弹性却不断下降。我们强调就业是民生之本，保经济增长是为了保就业、保民生，但经济工作往往最终还是落脚在保GDP增长上，而大规模的基础设施建设和大型重化工业项目又是拉动GDP增长的捷径，地方政府很难从依靠投资拉动的粗放型经济增长模式中摆脱出来。”

### 4. 把就业列为“十三五”时期宏观调控的首要目标

“八五”时期我建议把就业从劳动部门的部门指标提升为我国宏观调控重要目标，现在建议在“十三五”时期把就业摆在宏观调控的首要目标（参见《把增加就业作为宏观调控主目标》，2015年4月8日《人民日报》（理论版））。“改革开放以来，我国一直把GDP增长作为宏观调控的首要目标，这在物质财富十分匮乏的国情下有一定的合理性。跨入中等收入门槛后，经济处于换挡期，消化长期积累的过剩产能，调整产业及技术结构，将使各类就业问题凸显。建议在‘十三五’及今后一个时期，相对弱化GDP指标，明确把促进就业作为宏观调控的首要目标。”

（1）就业是宏观调控的发轫之处。“1936年凯恩斯发表《就业、利息和货币通论》，为罗斯福新政提供了理论基础。1944年贝弗里奇发表《自由社会中的充分就业》，英国政府颁布《就业政策白皮书》。1946年美国通过《就业法案》，把促进就业作为政府的重要职责。其后澳大利亚、比利时、加拿大、法国等，都把促进就业作为政府的重要调控目标。GDP指标1965年才诞生，迟至1991年才正式被纳入美国官方统计。2008年爆发世界经济危机，至今发达国家衡量经济是否复苏的第一位指标仍然是就业状况。”

（2）就业是民生之本。“作为民生之本，就业是牵一发而动全身的家事、国事、天下事。”“但长期以来我们强调保增长，经济工作往往最终落脚在GDP增速上，大型重化工业项目和大规模的基础设施建设又是拉动GDP增长的捷径，致使各级政府很难从依靠投资拉动的粗放型经济增长模式中摆脱出来。明确提出促进就业是'十三五'及今后一个时期宏观调控的首要目标，将十分有利于经济发展方式转型，实现可持续发展。""许多地方官员担心，淡化GDP指标会造成考核失去目标，工作没了抓手。多年来不少地方'党政工团齐动员'，分解投资和招商引资指标，层层考核直至考核街道的GDP，现在要淡化以至取消一些地方的GDP考核，他们一时感到很不适应是完全可以理解的。我们承认GDP指标是20世纪经济学的一项伟大发明，衡量一国的经济总量，还没有其他指标可以完全替代它。但也应看到，从诞生之日起，GDP指标就有天生的缺陷。它不能反映投资的效益和结构的优劣，也难以反映收入分配状况和资源环境代价，这些缺陷原本可以在实际工作中加以适当修正和补充，遗憾的是在我国前阶段激烈的地方GDP竞争中却被大大放大了。审视当下我们面临的突出经济社会问题，有许多正是GDP指标的缺陷，从某种角度也可以说，这是唯GDP论的必然结局。中国已经进入转变经济发展方式的新阶段，如果我们还被低收入阶段的地方GDP竞争路径锁定，难免陷入中等收入陷阱。"

（3）就业结构调整是"十三五"及今后一个时期就业工作重点。"有人可能质疑，当前中国处在老龄化中期，每年新增劳动人口已经是负数，就业还是突出问题吗？请环顾一下欧美日等国，那些人口老龄化高于我国的，至今仍然在为各类就业问题发愁。再说，就业不仅有总量问题，还有就业结构、就业质量、就业保障等方面，需要统筹考虑。一是从促进就业总量看，急需大力发展就业弹性高的第三产业和大量容纳就业的中小微企业，这将有利于调整产业结构。二是从优化就业结构看，急需打破各类行政性分割对劳动力合理流动的阻碍，当前特别需要下大力气解决农民工和大学生群体的就业问题，这将有利于农民工市民化，推进新型城镇化，并深化教育体制改革，调整职业教育与高等教育的布局。三是从提高就业质量看，急需加强职业安全卫生，建立合理薪酬制度，注重人力资源开发，这将有利于杜绝‘带血的GDP’，提升就业者的技能，并提高劳动报酬比重，扩大消费。四是从构建就业保障看，急需完善职工基本养老、基本医疗及失业保险制度，解除就业者的后顾之忧，这将有利于亿万劳动者全身心投入创业和工作之中。”

## 四　社会保障理论探讨

社会保障是现代市场经济国家的基本经济社会制度，是市场得以较平稳运行的安全网络和基础构架，但我国在较长时期内对社会保障制度的认识存在偏差，往往把这一基本制度作为促进经济发展的具体措施看待。我在《中国社会体制改革30年回顾与展望》（人民出版社2008年版）一书中曾指出，在20世纪80年代，社会保障没有进入“主流”经济学领域，无论是当年的“改革八大家”建议，还是著名的巴山轮会议、莫干山会议，从中几乎找不到“社会保障”这四个字。十四届三中全会文件明确社会保障体系是社会主义市场经济的五大子体系之一，但在实际工作中又把社会保障制度局限于国有企业改革的配套措施，致使社会保障制度改革的理论准备长期不足，至今在一些重大问题上、政策取向上仍存在激烈争论。

### 1. 建立社会保障制度的重要性

1991年，我在“经济发展与社会保险”学术研讨会上发表了讲话《社会保险与经济发展》（被收入《改革：企业·劳动·社保》，社会科学文献出版社2006年版），分析了企业改革与社会保障改革之间的关系，提出如果没有完善的社会保障体系，企业改革与价格改革都难以落实。

“企业改革要求劳动力流动，不仅在全民所有制内流动，还要在不同所有制之间流动，这就要求建立覆盖全体劳动者的社会保险体系，要求逐步改变企业办社会的现象。否则，大中型企业效益就难以提高。现在的大中型企业里边还有30%左右的富裕人员，在讨论搞好大中型企业效益的时候，很多厂长、经理提出来，政府不准我们把冗员推到社会上去(当然社会上目前也难以承受，因为还没有健全的社会保险体系)，同时又说我们企业与国外同行业比，劳动效率不高，既要我们提高效率又不准我们把冗员推到社会上，厂长真难当。这个问题的解决，显然在于社会保险体系的健全。我认为如果不把失业保险和各项社会保险项目提到这个高度来看，就产权问题讨论产权，企业也无法落实。”

我针对当时经济理论界相对忽视社会保障的问题提出：“当前制约我国经济发展的最主要的问题是什么?社会保险与这些问题的关系是什么?北大的厉以宁教授有一句比较著名的话：中国经济体制改革以及中国经济发展的一个根本

问题是产权问题，第二个问题是价格问题。他认为经济体制改革的成功取决于产权改革的成功，但经济体制改革的失败很可能是因为价格改革的失败。我赞成这个观点，这两个问题确实是当前制约我国经济发展的主要问题。但是，这两个问题和就业以及与就业密切相关的社会保险问题是什么关系呢?我认为应该对厉教授的那句话予以补充，是否可以这样讲，产权是根本，价格是难关，而就业和社会保险是关键。应当把就业和社会保险提到决定整个经济体制改革成败的战略地位上来。”



### 2. 建立统一的城镇职工基本养老保险制度

1996年11月6日《经济日报》报道我建议统一城镇职工基本养老保险制度，其后约20年，我一直关注这一问题。我主笔的《中国社会保障体制改革与发展报告》（中国人民大学出版社2001年版）对这一问题做了较全面的论述。

（1）职工基本养老保险双轨制引发不必要的社会矛盾。“由于机关、事业单位职工与企业职工养老保险制度分设，因此机关、事业单位退休人员的待遇水平与企业退休人员的待遇水平难以衔接，一些同时参加革命工作的老同志退下来，在机关事业单位的，养老金比在企业的高一倍，引发许多不必要的社会矛盾。机关、事业单位职工和企业职工养老保险制度不衔接，还在一定程度上阻碍了职工在企业与机关、事业单位之间的合理流动。况且我国国有企业职工远比美国、日本等市场经济国家国有企业的职工多，同时国有企业职工，特别是企业管理人员同机关、事业单位的人员相互流动较多，更有必要在企业职工基本养老保险制度的基础上，设计覆盖城镇所有职工的基本养老保险制度。”

（2）统一的劳动力市场要求建立城镇职工统一的基本养老保险制度。“从市场经济的发展方向看，特别是从建立统一的劳动力市场要求出发，应当尽快改革机关、事业单位职工基本养老保险制度，使之与企业职工养老保险制度有机衔接，建立适用于所有劳动者的基本养老保险制度，以利于职工在不同用人单位之间合理流动，这是近期完善我国基本养老保险体系的重要任务。这方面，国际经验值得借鉴，如美国在1984年把过去分设的公务员养老保险制度和私营企业雇员养老保险制度合并成统一的联邦养老保险制度，日本在1986年把过去分设的公务员、私营企业雇员和个体经营者养老保险制度统一设计，建立了覆盖全体劳动者及其配偶的国民年金。”

（3）分别设计企业年金与职业年金。“在基本养老保险制度统一的前提下，分开设计企业的补充养老保险和机关、事业单位的附加养老保险。企业的补充养老保险水平高低将在很大程度上取决于本企业的经济效益，而机关、事业单位的附加养老保险则不会受到效益的影响，主要由财政供款，当然个人也要缴纳一定的保费。企业化管理的自收自支事业单位完全纳入企业养老保险范围，同样也建立补充养老保险，而不是附加养老保险。机关、事业单位的这种附加养老保险类似日本在国民年金之上建立的公务员共济组合年金，或美国的联邦政府机构以及州政府机构建立的适用于公务员的‘私人年金’。”

### 3. 企业职工基本养老保险隐性债务评估

企业职工基本养老保险制度改革，自20世纪90年代初从现收现付制转向社会统筹与个人账户相结合的部分积累制，至今仍是“进行时”，其关键问题之一在于转制成本长期没有明确承担者。我认为这是政府的隐性债务，组织课题组对其规模进行了精算，并提出了解决这一债务的建议（参见《完善养老保险确保老有所养》，企业管理出版社2001年版，张中俊、张新梅同志参加本书撰写）。

（1）隐形债务的形成。为度过即将到来的人口老龄化高峰，我们决定把长期实行的现收现付养老保险制度转变为社会统筹和个人账户相结合（以下简称“统账结合”）的部分积累制度。其中社会统筹部分沿用现收现付制，个人账户部分采取积累制。“从现收现付制转到完全积累或部分积累，都会产生转制成本即隐性债务问题。解决隐性债务的途径，一是由财政承担，二是加大企业缴费逐步消化。我们在两难中选择了后者，使企业面临既为在职职工预筹积累养老保险基金，又为老职工承担养老费用的‘双重负担’。为了适当减轻企业的‘双重负担’，在新制度起步阶段，绝大部分地区都采取了对个人账户‘空账’运作的办法，利用统筹基金与个人账户基金的混合管理，向个人账户透支，希望通过适当提高企业缴费率，再逐步补实个人账户。但新制度实施几年来，由于种种因素，个人账户不仅没能逐步补实，近两年还出现了养老金当年收不抵支的情况。隐性债务的资金缺口已经严重威胁着新制度的巩固，统账结合的新制度由于个人账户积累基金难以到位，正面临向现收现付的旧制度蜕变的危险。而一旦旧体制复归，将难于抵御退休高峰期养老保险金支付危机。可以说，隐性债务是制约养老保险制度健康发展的瓶颈，进而影响到企业改革和社会的稳定，是当前中国社会保障制度改革面临的重大问题。”

（2）隐形债务规模精算。“政府应负担的隐性债务可分为‘老人’‘中人’两块。因为中国采取了部分积累的制度，因此对‘老人’的债务是他们度过余生所需养老金的总额减去其中的现收现付部分（相当于20%社会平均工资的份额），对‘中人’的债务相当于他们在旧制度的工作年限中，假设按新制度的设计应当积累的个人账户数额。”估计养老保险隐性债务的规模是一件十分复杂的工作，需要对人口和就业的总量、结构以及经济发展速度、工资增长幅度、养老保险覆盖面、企业缴费率、养老金替代率、退休年龄、养老保险基金投资回报率等因素进行综合分析研究。课题组以“1997年全国统一基本养老保险制度为评估时点，在占有大量统计资料的基础上，以工资平均增长率未来5年内为5%、6~10年为4%、10年以后为3%，养老金平均增长率为工资增长率的60%，养老金替代率平均每年降低0.66%，平均赡养率为3.25：1等为假设前提条件,按企业缴费率和退休年龄变动的不同情况，对隐性债务分5种方案和3种投资回报率进行测算，得到15种不同的债务规模”。其中最小的组合结果是28000亿元，最大的组合结果是120000亿元。这一结论是以21世纪初的经济数据为依据的，现在看存在一定误差，但在职工基本养老保险隐性债务的研究方面取得了阶段性成果。

（3）解决隐性债务的建议。课题组分析了智利等国养老保险改革过程中解决政府隐性债务的经验，提出从中国的实际情况出发，除了财政补助养老保险基金外，还应当采用多种途径筹资，弥补隐性债务。

第一，调整财政支出结构。“从以往年份看，中国财政用于养老保险补贴还不是很高。将基本养老保险费改税并纳入财政预算后，财政用于养老保险的支出所占比重将上升到10%左右。目前，国家正在考虑建立公共财政政策，提高社会保障支出占财政支出比重的呼声较高，舆论条件有利。从目前的财政支出项目来看，调整支出结构也有一定可能性。以往中国财政用于经济建设支出的比例较高，随着改革的深化，政府用于经济建设性支出将逐步债务化，机构改革后用于行政管理的费用也可以适当压缩，再从其他开支中(包括物价补贴等)腾出一些，预计今后5～10年，财政约可以腾出7～8个百分点用于养老保险补贴支出。调整后，社会保障补贴支出占财政支出的比例与世界上许多国家相比，还是处于中位。”

第二，开辟新的税收来源。“可考虑开征一些新税种或附加税值增加资金来源。如开征特种消费行为税、个人所得税附加等。尽快开征遗产税。考虑到职工按房改价格购买的公房房产中包括了相当大一部分单位或国家的暗贴价值，应适当提高房产遗产税税率标准，以将其中一部分暗贴价值转为养老金基金。还可以考虑发行养老保险福利彩票。”

第三，变现部分国有资产。“这种做法在理论上的合理性已得到广泛认可。其主要根据是在计划经济时期，中国长期实行低工资政策，职工的工资收入没有包括各种补偿劳动力需要的保险费用，保险费进入企业利润中，全部上交给了国家，国家又将其中的一部分或大部分变成了固定资产或其他有形资产的投资，从而使保险费凝结在国有资产中。变现国有资产可以采取股市变现、国有土地有偿使用收益、出售公有住房等。”

第四，发行特种国债进行筹资。“借鉴智利等国的经验，发行特种国债，用于部分弥补隐性债务。此外，还应采取节省养老金开支的办法，如逐步提高退休年龄、规范养老金调整机制等办法，控制养老金支出过快和不规范增长，相应减少隐性债务。”

#### 4. 正确评价职工基本保障项目中的个人账户

在职工基本养老保险项目中是否设立个人账户，国际上一直存在争论。一般情况下，国际劳工组织和国际社会保障协会侧重社会保障的共济性，不主张设立个人账户，而世界银行和美国一些研究单位如对智利养老保险改革影响很大的“开拓”研究所侧重社保基金的金融运作效果，大力主张设立个人账户。对在职工医疗保险中设立个人账户，据我掌握的资料和我在各种场合直接接触过的外国专家，几乎没有赞成的。

我因多年从事国际劳工组织活动，从学术角度是不赞成在职工基本社会保险项目中设立个人账户的。但20世纪90年代初中央文件明确提出了要建立统账结合的职工基本养老保险和基本医疗保险制度，我作为行政工作人员要贯彻这一精神，在公开的行政工作报告中不能否定个人账户的作用。同时我作为劳动经济的研究人员多次在内部会议上表达了不同意见，在学术文章中多次建议把个人账户从职工基本养老保险中分离出去，并认为需要即时支出基本医疗保险没必要建立个人账户制度。在《养老保险制度改革》（改革出版社1997年版）、《关于养老保险实行统账结合的几点意见》（《首都经济贸易大学学报》1999年第3期）、《中国社会保障制度改革》（清华大学出版社2001年版）等著作中，我都表述了这一观点。我在《中国社会保障制度30年》（参见《中国经济50人看三十年——回顾与分析》，中国经济出版社2008年版）一文中再次阐述了我的看法。

（1）把个人账户从职工基本养老保险中分离出来。“在由代际转移的现收现付制向统账结合的部分积累制转型中，我国基本养老保险制度改革没有对隐性债务给出合理安排，曾设计通过提高企业缴费率来达到制度运行中的自行消化。然而在人口老龄化日益严重的背景下，养老保险缴费率居高不下，企业难承重负，隐性债务没有被消化，以社会统筹账户透支个人账户、个人账户空账运行的尴尬局面突显出来。近年来做实个人账户取得了实质性进展，但全国空账规模累计已达上万亿元。劳动社会保障部、国家体改委等部门以及世界银行等组织的课题组分别测算，企业职工基本养老保险的隐性债务为3万亿元左右。如何逐步填补隐性债务从而根本解决个人账户空账问题仍需进一步研究。”“我们认为，养老保险制度改革应建立稳固、清晰的制度构架，新的养老保险制度体系应具有科学性、稳定性和可持续性。考虑到个人账户积累制的特点以及单位补充养老保险也属于个人账户积累制，随着改革的深化以及政策条件、市场环境的改善，未来将现行基本养老保险中的个人账户做实并分离出来，与第二层次的单位补充养老保险（企业年金）并轨，做大第二层次，应是可行的长远政策选择。届时，适当降低第一层次基本养老保险在社会养老保障体系中的负担比重，调动社会力量，分散政府风险。考虑到改革的渐进性和政策的连续性，近期我国养老保险制度建设的主要任务还是在现行基本养老保险制度框架内逐步做实个人账户，使养老保险的个人账户积累制真正运行起来。"

（2）职工基本医疗保险设立个人账户的必要性不大。"至于职工基本医疗保险个人账户，作为需要即时支出的项目，与养老保险积累到退休年龄才能提取，两者性质并不相同，其必要性确实值得研究。且即时支付的个人账户大大增加了管理成本。许多地方为了减少管理成本，已经把它交给职工个人自由支配了。绝大多数国外研究机构和学者主张取消医疗保险个人账户。国内许多人也认为可以考虑将个人账户转到补充医疗保险，并适当调整个人账户比例，以利于提高基本医疗保险共济水平，减少基金管理成本。"

需要说明的是，考虑到社会保障政策的连续性，我认为当前不宜对现行政策做过大的调整。在《"十三五"时期我国社会保障制度重大问题研究》（中国劳动社会保障出版社2016年版）绪论中，我提出适当缩小职工基本养老保险中的个人账户，并实行名义账户，实质是取消了个人账户中的积累基金，提高职工基本养老保险的共济性。

### 5. 建议实施“医、保、药”三项制度综合改革

1998年我给国务院经济体制改革办公室领导写了一份《关于配套推进医疗保险、医疗机构和药品流通体制改革的意见》（这份报告后被收入《改革：企业·劳动·社保》一书，社会科学文献出版社2006年版），分析了医疗保险的特殊性，认为医疗保险很难单兵突进，建议开展“医、保、药”三项制度综合配套改革。

（1）控制医药费用过快增长，不能只改职工基本医疗保险制度。“因为医疗保险和养老、失业保险不同，养老、失业保险基金的支付只面对被保险者——退休人员或失业人员，而医疗保险基金的支付除了面对被保险者——患者外，还要面对医疗服务的提供者——医院和药品供应单位。特别是在医药消费方面，需求方与供给方信息不对称，在决定医药消费的数量和质量方面，医生的作用比患者的作用大得多，所以医疗保险只在基金的筹集、发放和管理方面进行改革是不够的，必须与医院管理体制、药品流通体制改革同步进行，这是由医疗保险体制的特点决定的。”

（2）目前医院管理体制和药品流通体制方面存在不少问题。“医院方面存在以药养医、药价混乱等诸多弊端。药品流通方面，药品生产厂家从20世纪80年代初的500家发展到目前的6000多家（美国全国只有400多家制药企业），批发企业从2000多家发展到1.6万家，众多批发企业和生产厂家采用‘高定价、高折扣、大回扣’等不正当手段竞相向医疗机构推销药品。医疗机构方面，药品收入成为医院收入的

主要来源，1997年全国卫生系统药品销售收入占业务收入的51%（国外一般在20%上下），许多城市医院的药品收入占业务收入的70%以上，形成了‘以药养医’的现状。”

“医院以药养医的主要原因是对公立医院的定位不够明确。虽然规定公立医院是社会公益性机构，但国家对医疗卫生拨款相对额逐年下降，县及县以上医疗机构国家拨款占医院总收入的百分比，从1991年的10.8%下降到1996年的7.8%。国家又允许医疗机构在业务范围内向患者零售药品，按药品批发价，西药加成15%、中药加成25%～30%销售，并免征流转税和所得税，售药的全部收益留归医院。这样，医院销售的药品越多、越贵，医院的发展和医务人员的收入就越有保障。此外，医疗资源配置不合理，如大城市医院过度集中（北京有近700家医院，卫生部认为按国际标准200多家就够了）、大型医疗设备过多（北京、广州等大城市的CT、核磁共振机人均拥有量高于伦敦、纽约），又进一步促使医院通过卖药和高档设备使用费来创收自养。”“医院通过卖药增加收入的创收机制和医疗保险体制改革所要建立的节约医药费用的制约机制是矛盾的。”

（3）必须进行医疗保险体制、医院管理体制和药品流通体制的综合配套改革。“现在医疗保险体制改革由劳动和社会保障部负责，把原来卫生部负责的公费医疗和原劳动部负责的劳保医疗统一起来了，正在研究制订适用于城镇所有劳动者的医疗保险改革方案。但劳动和社会保障部很难综合协调医院管理体制和药品流通体制的改革。卫生部负责医院管理体制改革，又难以综合协调药品流通体制的改革。药品流通体制改革涉及的部门较多，机构改革后成立的国家药品监督管理局没有药品行业管理的职能，主要是监督药品质量，而药品的生产流通管理在国家经贸委，药品价格的管理在国家发展计划委员会。此外，医疗保险体制、医院管理体制和药品流通体制的改革都涉及财政问题。”

（4）建议成立“医、保、药”三项制度改革领导小组。“医疗保险、医院管理和药品流通体制改革关系到多个部门，涉及国家、企事业单位、职工以及医院和药品生产流通企业多方面的利益格局调整。前阶段职工医疗保险体制改革的情况说明，很难由一个部门牵头来推进这三项体制改革。建议国务院成立‘医、保、药’三项体制配套改革领导小组，卫生部、劳动和社会保障部、国家发展计划委员会、国家经贸委和财政部为主要成员单位。国务院经济体制改革办公室作为国务院的办事机构，参加领导小组，发挥组织协调作用。”

### 6. 基本社会保障制度应当发挥平抑一次分配差距的作用

2001年，我在《中国社会保障体制改革与发展报告》（中国人民大学出版社2001年版）中指出：“面对日益扩大的收入分配差距，我国社会保障制度改革的着力点没有及时得到相应调整，在总的原则上，还停留在改革启动时期，强调效率高于公平，向低收入者倾斜不够，在某种程度上还有拉大收入分配差距的问题。”2016年，我在《关于当前完善社会保障体系的理论争论》（参见《“十三五”时期我国社会保障制度重大问题研究》一书绪论，中国劳动社会保障出版社2016年版）一文中进一步说明当前我国社会保障体系应发挥平抑一次分配差距的作用。

（1）缩小一次分配差距是社会保障制度的基本功能。“社会保障制度的基本功能：一是实行普遍关联原则，为包括鳏寡孤独及残疾者等弱势群体提供生活保障，这主要表现在社会救助项目上；二是实行就业关联原则，为就业人员暂时或永久退出劳动力市场时提供生活保障，这主要表现在社会保险项目上；三是作为政府立法实施的基本社会保障，发挥二次分配的作用，缩小一次分配的差距，使社会各阶层在分享经济发展成果方面更加公平和谐；四是随着社会保障制度的发展，社会保障基金，主要是部分社会保险基金的积累和使用，对促进经济发展和平抑经济波动发挥了积极的作用。第四项功能本来是派生的，但在中国前阶段把GDP高速增长作为主要目标的背景下，社会保障制度激励经济增长的功能被过分强调，而社会保障制度作为二次分配应缩小一次分配差距的功能则被忽视或弱化。”

（2）目前中国社会保障制度平抑一次分配差距的功能发挥不足。“根据世界银行WDI数据库和联合国大学世界收入不平等数据库、世界概况数据库、经济合作与发展组织数据库提供的资料，18个欧盟国家市场收入的基尼系数为0.443，这与中国的初次分配基尼系数相差并不太多，但是在社会保障的作用下，这些国家的可支配收入基尼系数降为0.29，远低于中国的0.47左右。从下降幅度看，欧盟国家政府的社会保障政策使其基尼系数的平均值下降了40%，相比之下，中国仅下降了12.3%。”

（3）加大社会保障缩小一次分配差距的力度符合现阶段经济社会发展的要求。“改革初期，城乡合计的基尼系数不过0.3。因此，20世纪80年代、90年代初，分配制度的改革重在打破平均主义。在这一大背景下，曾提出把一次分配的效率原则引入二次分配中，在基本养老保险制度中引入个人账户，因为个人账户是以职工在职时的一定工资比例缴纳的，体现了多缴多得的原则。”“一个国家社会保障制度建立与完善的历程应与本国经济社会的发展阶段、发展水平相适应。经过30多年的改革开放，中国的社会经济生活已经发生了巨大变化，在创造了高速经济发展奇迹的同时，逐步积累了许多问题，其中突出的是收入分配差距过大。中国城乡合计的基尼系数在10多年前就超过了国际0.4的警戒线，逼近0.5。在新的经济社会发展阶段，面临一次分配差距过大的现状，基本社会保障项目应当提高公平性、共济性，以平抑一次分配的差距。作为基本社会保障最重要的项目之一，基本养老保险制度提高公平性、共济性的方向也应当明确。”

## 五 收入分配理论探讨

1987年我参与编写《中国企业管理百科全书（增补卷）》时提出增加“基尼系数”条目。当时提出这一建议是为了说明与其他国家相比，中国的基尼系数过低，平均主义严重。20世纪90年代初，我在研究中国劳动力市场特点时提出，鉴于中国劳动力供大于求的状况长期存在，可能导致普通劳动者收入被压低，但作为社会主义市场经济国家，中国应当避免一些国家原始积累阶段出现的两极分化现象。2002年我在中央党校《思想理论内参》上发表了《当前居民收入分配差距的主要问题》，指出“城乡之间、行业之间收入分配关系已经严重失衡”，同时强调，“我国不同地区和部门之间公务员的实际收入差距过大，这在世界各国是极其罕见的”。2005年，我在国家社科基金“九五”重大项目《中国收入分配体制研究报告》中指出，劳动报酬与资本收益失衡，已经成为中国经济社会发展的重大问题。2013年我在中国经济50人论坛长安讲坛上发表讲演《走向共同富裕》，提出中国面临不平等的挑战（参见中国经济50人论坛丛书《中国经济体制改革新阶段的若干问题》，中国经济出版社2013年版）。

### 1. 不公平挑战中国

（1）不公平对中国经济的严峻挑战。“尽管十八届三中全会文件把收入分配放到社会方面来讲，但收入分配也是重大的经济问题。马克思的政治经济学认为，经济运行有四大环节：生产、交换、分配、消费，分配就是经济运行的重要环节。它对经济方面的挑战，主要表现在当前的消费与投资比例严重失衡。”“国家发改委宏观经济研究院一个课题组对消费率做了国际比较。在他们所能收集到的数据中，中国消费率是最低的，包括政府消费在内只有44.7%，居民消费还不到40%，投资和消费结构严重扭曲。要提高消费率就要提高一般中低收入者的收入，否则消费问题很难得到解决。现在的问题恰恰是普通劳动者收入水平过低，收入差距过大。也有些人讲以扩大高端消费甚至奢侈消费来提高消费率，实际上有钱人并没有多少消费意愿，至少在国内消费的意愿很低，他们可能会出国去买东西，而国内一般消费者没有那么多钱去消费，这是一个重大的问题。大量产能过去靠出口消化，美国次贷危机和欧洲债务危机发生后，订单减少，产能过剩就凸显了。”

（2）不公平对中国社会的严峻挑战。“收入分配差距过大，造成社会矛盾多发，劳资矛盾多发，并出现社会阶层的固化，有些社会学者说中国社会出现了阶层断裂。分配不公已经成为群众最不满意的问题之一，众多群体性事件起源于分配不公。所谓固化问题，就是‘官二代’‘富二代’，还有‘垄二代’也出现了。2010年，国务院发展研究中心对重庆等六城市农民工调查，对收入不满意的占第一位。多年来全国两会期间都有民意调查，收入分配基本上排在不满意度的前三位，还有物价、社保、腐败等都是排在前几位的，尽管每年的顺序稍有不同。其实社会保障也属于收入分配范畴，是二次分配的问题。可见，收入分配问题已经形成了对我们社会的严峻挑战。”

（3）不公平对中国政治的严峻挑战。“根据世界银行《世界发展报告》提供的研究数据，在127个国家中，近年来收入分配不平等状况的测量指标中，基尼系数低于中国的国家有94个，高于中国的国家只有29个，其中27个是拉丁美洲和非洲国家，亚洲国家只有马来西亚和菲律宾。中国被列入少数收入分配不平等程度很高的国家之一。2008年国家统计局公布的基尼系数达到0.491，2012年略微回落到0.474，我国在世界上仍然属于收入分配不平等程度很高的国家之一。一些研究机构推算的基尼系数在0.5左右。我们执政党一直坚持为人民服务的理念，‘三个代表’要代表广大人民群众的根本利益。如果说改革初期打破平均主义，让一部分人先富起来，难免有一个扩大差距的过程，这还是可以理解并向群众解释清楚的，那么现在两极分化问题多年解决不了，共同富裕的目标长期不能实现，就难以向群众交代了。我们搞的是社会主义市场经济，理应比其他类型的市场经济更加公平、公正，但是收入分配的现状却和执政党宣传的理念形成强烈的反差，长此下去就会使我们陷入尴尬境地。”

我不认为现在收入分配问题被过分渲染，过分夸大了。相反，对于一个高举中国特色社会主义旗帜，要建立社会主义市场经济体制的国家来说，两极分化产生的严重后果，我们可能还估计得不足。

### 2. 三个收入分配理论运用的误区

我在《走向共同富裕》的讲演中指出：回顾改革历程，在这样一个从打破平均主义为主到缩小收入差距为主的变化过程中，发生过许多理论争论。有的理论运用是否恰当，现在看来值得探讨。我们经常把收入分配讨论局限在一些技术判断上，而且我觉得有些重大理论应用不恰当更值得反思。

（1）关于低劳动力成本竞争理论的应用误区。“改革开放之初，我们人均GDP不到200美元，要钱没钱，要技术没技术，要管理没管理，当时我们唯一的竞争优势就是劳动力成本低。中国的低劳动力成本又赶上经济全球化过程，很多发达国家都把低端产业转移到中国来，就是看重我们的劳动力成本低。他们的技术、管理和我们低成本的劳动力相结合，使我们在这个过程中积累了大量的资金，同时也学到了先进的技术、管理和经营方法。从历史发展的角度看，低劳动力成本竞争有积极的一面。但是如果把低劳动力成本竞争理论推到极致，就必然造成国内的两极分化，因为随着社会财富的大量增加，再坚持长期低劳动力成本，财富就难以分配到普通劳动者特别是农民工身上，必然引发社会矛盾激化。”

“2000年左右，中国基尼系数超过0.4，到0.45左右的时候，就应该对低劳动力成本国际竞争理论做出适当的修正。但是很多从事这方面理论研究的人，仍然坚持低劳动力成本竞争理论，甚至提出还要再搞20年、30年，他们‘咬定青山不放松’。你要说给农民工涨工资，要给农民工搞社会保障，他们公开写文章批评说这是自损国力。”“一些人仍然认为如果提高职工工资，外国资本甚至包括中国的资本就会转移到越南、柬埔寨去了，同时他们又认为高素质的劳动者应该有高报酬，否则企业高管就跑到欧美去了，这当然也有一定的道理。但是我认为低劳动力成本竞争理论的运用出现了误区，到了应该改变的时候没有改变。在收入分配上，对普通劳动者是比照越南、缅甸、柬埔寨，对精英阶层却是接轨欧美日，能不出现两极分化吗？再说即便是发达国家，到一定程度不也得转变初期那种低劳动力成本竞争战略吗？”

（2）关于刘易斯拐点理论的应用误区。“刘易斯关于农村剩余劳动力转移过程中工资变动趋势的分析有普遍参考价值。但刘易斯没有研究过户籍制度行政分割下的城乡劳动力市场，没有研究过行政性垄断行业对劳动力市场的分割。我们要立足中国转轨过程中的制度机制以及具体政策，来研究自己的分配问题。不能一说前一阶段农民工工资低、普通劳动力价格相对下降，就是刘易斯拐点没到之前的正常过程。对中国来说，我并不认为这是个完全正常的过程。”“我们可以考察一下，是不是一个国家从农业国转向工业国，都会像中国出现这么大的城乡差别和这么高的基尼系数，回答当然不是的。我认为研究收入分配问题，要看到刘易斯拐点理论提供了一定的理论分析框架，但是更要看到他没有研究到的问题。我们从计划体制转向市场体制这样一个过程，是刘易斯不可能涉及的，不能把农民工和普通劳动者工资低的问题都打包推给刘易斯。”“我强调的是在刘易斯拐点理论背景下，要更多地侧重对中国劳动力市场机制体制及其相关政策的探讨。”

（3）关于总量供大于求的劳动力市场理论的应用误区。“自从我们搞了市场经济，很多人就讲劳动力价格由供求关系决定，是不是总量供大于求的中国劳动力市场造成了分配差距过大呢？普通劳动力供大于求，会使劳动力价格有所下降，这是符合市场供求规律的。但是下降幅度多大算合理？需要进一步研究。现代劳动力市场上要建立集体谈判机制，集体谈判工资理论在20世纪40年代就已经很普及了，后来被国际劳工组织正式写进国际劳工公约，各成员国都是要参照的。但是集体劳动关系我们没有很好地建立起来，不仅雇主可以压低劳动力成本，就是一些地方政府也竞相压低劳动力成本，因而在总量供大于求的劳动力市场上，进一步压低了劳动力的价格。如果有完善的集体谈判机制，会一定程度提高普通劳动者的收入，而缺少这个机制对平衡劳动报酬与资本收益的关系是很不利的，这早已经被发达市场经济国家的工业化过程所证明。不要总用总量数据掩盖我们体制机制存在的问题。”

### 3. 完善收入分配制度的建议

我在2013年中国经济50人论坛长安讲坛的讲演中提出了一些完善收入分配的建议。

（1）进一步调整政府、企业、居民三者的利益关系。“应该坚持适当减少政府的收入，让税、让利给企业，这样企业才可以给职工比较大的增收空间。中国的收入分配不仅仅是劳动收入和资本收益的关系，政府在其中起了很大的作用。今年财政收入增幅已经下降很多，但总体看，还是应该坚持政府在税收上适当让利。营改增一项改革就使企业一年多收益近2000亿元，这是一个很好的政策。调整政府、企业、居民三者关系，主要方向是提高劳动报酬在初次分配中的比重，这和十八届三中全会讲的侧重保护劳动者收益是一致的。”

（2）深化行政性垄断行业改革。“十八届三中全会《中共中央关于全面深化改革若干重大问题的决定》（以下简称《决定》）提出，2020年国有企业上缴红利要达到30%，作为社会保障和公共服务方面的开支造福于全社会。这样群众对国有企业的意见就会小多了。20世纪90年代，国有企业非常困难，在当时的历史条件下搞了‘放水养鱼’，国有企业税后利润留作企业自我发展，这是有道理的。现在国企实力增强，鱼已经养得很大了，也不能食利自肥，需要提高行政性垄断行业的分红比例，国企缴税以后，国家作为所有者是应该分红的。当然，对于国企分红过低的问题，也有政策调整太迟缓的原因。再就是打破行业垄断，使行政性垄断行业向民营开放，向竞争开放。国资委提出把国有企业分成三大类，一类是公益型，一类是保障型，一类是竞争型。我认为竞争型可以全部向民营放开，实行混合所有制，有的国家相对控股，有的可以让民营相对或绝对控股。公益型和保障型的，如果是国有控股或者是全资国有，就应该和国外一样，职工和高管收入参照公务员标准加以规范，不能完全走市场化的道路，因为他们不是市场化运营的企业。”

（3）加快农民工市民化的进程。“一说加快农民工市民化进程，各地就说没有这个成本。农民工进城享受和城市人一样的待遇，有人说成本需要8万元到10万元，最近有人说要20万元，甚至是30万元。国务院发展中心做的调查是10万元到12万元。我们不能只看见农民工市民化需要成本，更要看到他们为城市创造了多少财富。城里的高楼大厦基本都是农民工建起来的，那些苦、脏、累、险工作都是人家干的。春节农民工回家了，城里连家庭保姆、卖水果卖菜的、卖早点炸油饼的都没有了。在工业化的过程中，日本的农民转成市民要比我们做得好。我觉得农民工在‘十二五’期间全部市民化难度不小，能不能明确提出到2020年全面实现小康的时候基本实现农民工市民化。如果没有时间限制，就会有很多事一直拖下去，最后目标就无法达成。”

（4）增加农民的财产收入。“十八届三中全会《决定》中明确，要维护农民生产要素权益，保障农民公平分享土地增值收益。赋予农民对集体资产股份占有、收益、有偿退出及抵押担保继承权。根据十八届三中全会的《决定》，应梳理现有法律、法规和政策中与《决定》不相符合的部分。我认为土地管理法、物权法、担保法相关的内容，应该按照十八届三中全会的精神加以修订。修订土地管理法的相关条款，将国家征地严格限于公益性用地的范围，实施征地必须经由严格的程序，并按市价原则给予充分补偿。所有非公益用途的土地资源，通过城乡统一的市场进行配置，国有和集体经营性用地都进行公开出让。修订物权法、担保法与土地管理法中对农村集体所有土地使用权不得抵押的限制性规定，允许农村在一定期限内对耕地、宅基地、自留地、自留山等集体所有的土地使用权可以抵押和流转。”

（5）稳步推进基本公共服务均等化。“基本公共服务均等化不是对于某一个地区来说的，肯定是对于全国来说的。因此，中央和地方在事权上要加以改变，要把部分基本社会保障和基本公共服务事权提到中央，由中央统一平衡全国的基本公共服务和基本社会保障水平，并筹集与事权相匹配的财权。我们不可能一刀切，把各地的公共服务和社会保障水平都拉齐，但是至少在‘十二五’期间可以着手改变地区间二次分配逆向转移的趋势。”

（6）研究开征遗产税。“荷兰1598年出台遗产税，英国1694年出台遗产税，有人说中国现在开征遗产税条件不成熟，一收遗产税大款们就跑了，还有人认为有些遗产说不清楚，宋徽宗、张大千的画是赝品还是真迹？值多少钱？其实这些绝对不是开征遗产税条件不成熟的理由，唯一的条件是中国到底有没有一批富豪。”“说字画没法鉴定，中国台湾有没有字画？美国、欧洲富豪不收藏毕加索、凡·高、莫奈的名画吗？怎么就没办法估价？这些不应该成为开征遗产税的障碍。中国早在民国时期就开始收遗产税，中国台湾地区一直延续到现在。你怕大款跑了，其实大款反而跑到有遗产税的国家去了。还有一个说法是现在世界各国都不收遗产税了，中国反倒要收。北师大中国收入分配研究院课题组认真查了查，大多数国家都有遗产税。”“经过三十多年改革开放，中国已经形成了一个庞大的富裕群体。有人说这个庞大群体里很多是官商，你收富商的，那官商的收不收？现在根本查不清官商有多少财产，也不让你查，你怎么收？我认为恰恰可以通过开征遗产税把这些人的财产搞清楚。”

（7）进一步完善集体协商机制。“中国拥有世界上规模最大的工会组织，但是工会在各种重大劳资纠纷中发挥的作用还远远不够。工会送温暖，开展各种职工培训以及文艺活动。这发挥了很多作用，但是在真正发生劳资冲突的时候，企业工会领导人的地位比较尴尬。现在企业工会干部大多数是企业的高层管理人员，这种情况使企业工会干部很难真正代表工会的利益。一旦出现工人和企业之间的重大利益矛盾，企业工会负责人往往代表企业的利益。”“十八届三中全会《决定》提出，要进一步完善集体协商机制。但是工资集体协商机制，首先是协商的双方主体要进一步明确。

工会如何从过去计划经济的行政性组织，变为一个真正代表工人利益的组织，雇主组织能不能够真正成为雇主利益的代表团体。建立社会主义市场经济必须完善劳动力市场。在现代市场经济条件下，不能重复资本原始积累阶段的劳动力市场，应该建立有组织的劳动力市场。组织行为、集体行为涉及工会组织和雇主组织的组织权力。我国工人、雇主和政府三方面的社会伙伴关系，与一般市场经济是有区别的，我们有党的建设，这是一般国家没有的，但要赋予工会、雇主组织相对的独立性。”

## 六　地方政府公司化理论探讨

分析政府与市场的关系，不能只关注中央政府的职能转变。中央政府下放权力，地方政府的权限扩大。而地方长期追求GDP增长形成了地方政府公司化倾向，地方政府与市场配置的关系已经相当扭曲，越位、错位和缺位问题十分突出。面临新的发展阶段，理顺地方政府与市场的关系成为极为迫切的现实问题。继续维持甚至加强地方政府竞争，发展方式转型将难以落实。在2004年经济过热时，我在《防止“双冲动”导致经济过热》（《宏观经济研究》2004年第2期，与李建立同志合著）一文中提出目前我国的宏观调控十分扭曲，在很大程度上不是政府调控市场、市场引导企业，而是中央政府在调控地方政府。2014年中国经济体制改革研究会设立“地方政府公司化研究”课题组，由我担任组长，对这一问题进行了研究（参见《地方政府公司化研究》，中国财富出版社2014年版）。

### 1. 地方政府竞争与市场配置资源

“中国前阶段经济运行的突出特色是政府主导，在改革初期运用这一模式，能集中力量办大事，成效显著。这一模式导致的问题是政府与市场的关系‘剪不断’，中央政府和地方政府的关系‘理还乱’。由于地方政府实际充当了资源配置的主体，国家宏观调控被扭曲为中央政府调控地方政府，且地方政府执行的是各地人大自己通过的经济社会发展规划，因而中央指标往往在执行过程中落空。在地方普遍追求高增长、大投资的背景下，中央不得不为地方的经济增长调配煤、电、油、运等，还在一定程度上形成地方调控中央的局面。”

“至今，许多地方政府仍层层下达GDP、投资、招商、项目等各种经济指标，有的一直下达到街道，分解到各级党政干部。”“这样的地方政府GDP竞争有没有优越性呢？应该承认，地方政府竞争极大地调动了地方各级干部的积极性，为中国经济高速发展做出了历史性的贡献。在人均GDP 200多美元，物质财富极度贫乏的时候，大家都希望经济发展得快一点。那时候小平同志提出国民生产总值翻番，大家一致赞成，各项经济政策以及干部考核指标也是最大限度激励GDP增长的，这在特定历史阶段是有一定合理性的。同时，也有不少学者和从事实际经济工作的领导早就提出地方政府的GDP竞争潜在危害很大。近年来，更多的人认识到，地方政府竞争极大地扭曲了市场配置资源的机制，付出了过高的资源、环境成本，同时压低了劳动力成本，并提供了巨大的权钱交易空间。面临新的发展阶段，地方政府竞争的局限性日益凸显。”

### 2. 地方政府竞争的弊端

地方政府GDP竞争积累的诸多问题现在已经十分严重了，必须予以正视，坚决加以扭转。

（1）地方政府竞争加剧了产能过剩。“尽管10多年来国家三令五申要控制产能过剩，但收效甚微，有时甚至南辕北辙。钢铁、水泥、平板玻璃、电解铝产能过剩，都在30%左右，远远超过正常市场竞争的水平。”“在中国，地方保护、地方竞争是产能严重过剩的重要根源。地方政府尽一切可能上项目扩产能，例如2003年后新增的电解铝和氧化铝产能，80%以上未经国家有关部门批准。地方政府利用低价甚至零地价工业用地、税收返还、违规贷款、压低水电价格等措施，推动企业在本地区盲目扩大产能，并以各种手段干预企业，强令亏损企业继续经营，为保本地区的GDP，通过财政补贴或政府担保为这类企业输血，恶化了行业生存环境。”

（2）地方政府竞争恶化了生态环境。“国家环保总局和OECD（经济合作与发展组织）联合发布的《中国环境绩效评估报告》预计，2020年中国因环境污染导致的健康损失将达GDP的13%。中国在改革初期曾宣布绝不走西方国家先污染后治理的工业化老路，但实际情况是污染程度更加严重。重要原因是地方政府为了招商引资，放宽对环境的保护，一些地方政府甚至成为污染企业的保护伞，有的污染企业就是当地的‘一把手工程’，导致环保审批、监管失灵。不同的企业污染案例反映了同样的问题：地方环保部门负责人对地方行政领导负责，他们无力抵制地方领导的强烈GDP增长冲动，面对领导招商的污染企业束手无策，甚至为虎作伥。”

（3）地方政府竞争导致地方债务过重。“国家审计署2012年第26号公告披露，一些县在招商引资过程中，将企业缴纳的税收、土地出让收入等，通过财政支出等手段返还给相关企业，减少了县级可支配财力。审计调查的54个县中，有53个县2008年至2011年出台了221份与国家政策明显相悖的招商引资优惠政策文件，以财政支出方式变相减免应征缴的财政性收入70.43亿元，其中2011年变相免征33.36亿元，相当于其当年一般预算收入的5.81%。54个县如此，全国两千多个县的情况呢？”“为了上项目，地方政府普遍采用非常规渠道融资，是一种非常典型的监管套利行为。此外，国际货币基金组织指出，中国经济增长过于依赖投资扩张，其中主要是房地产部门和地方政府投资。房地产投资又有助于地方政府的土地财政收入。庞大的地方债务很大程度上是地方政府投资冲动的产物。”

（4）地方政府竞争割裂了全国统一市场。“地方政府参与市场活动不可能和企业一样遵循公平竞争的原则，由于手握行政大权，同时单一追求GDP增长，因此众多地方政府打着促进本地区经济发展的旗号，使用行政手段干预市场公平竞争，对本地区的企业及其产品采取保护措施，或是实行优惠政策，抵制外地产品进入，严重影响产品和要素的合理流通。在一些地方保护主义泛滥的地市，公安、工商、税务、防疫、技术监督等部门，甚至纪检监察部门都为外地产品的进入设置障碍，动用一切力量保护本地企业，宣传消费本地产品是‘爱县’‘爱市’，而消费外地产品是‘违法行为’，直接损害到消费者的利益。在本地企业和外地企业发生经济纠纷的时候，地方法院公然偏袒本地企业。这些现象说明，在地方政府竞争的格局下，全国统一的公平竞争市场秩序难以建立起来。”

（5）地方政府竞争扭曲城镇化进程。“地方政府GDP竞争驱动型的城镇化，要求政府支配大量的土地、资金、人力等资源。地方政府的收入来源严重依赖于土地财政，因此地方政府有强烈的动机挤占农业资源和掠夺农民土地，以满足城镇化的需求。全球金融危机之后，由于制造业投资受阻，很多地方政府又转而选择大拆大建的造城之路。有12个省会城市要建55个新城，144个地级市要建200个新城。全国还有不少于30个城市要花巨资重建老城。就征地来看，为制造业发展而进行的大规模低价圈地已经造成高达3000万～4000万的失地农民，若处理不好，很容易恶化城乡关系，造成社会不稳定。”“由于地方政府把主要的资金用于基础设施建设和工业化，能够用于提供公共服务的资金就捉襟见肘，导致医疗、教育、保险、养老、失业、救济等领域会出现公共服务长期总量不足、结构失衡的状态。”

（6）地方政府竞争成为腐败的温床。“地方政府的GDP竞争不可避免地导致地方政府公司化，这种政企不分的状况长期持续，必然演变成为权钱交易的平台和滋生腐败的温床。关于反腐败，在21世纪初曾经有一种说法，认为当时发现的多数腐败问题发生在20世纪90年代初期、中期，预计腐败现象将随着禁止国家机关、军队、公检法办企业的改革进程而减轻。那时人们还没有意识到地方政府公司化会逐渐成为各级干部的腐蚀剂。十多年后，地方干部腐败成为严重问题，地方干部为上项目腐蚀中央部委干部的案例不绝于媒体。有的被查处的地方一把手坦然说，不收礼不受贿，不送礼不贿赂，在当地根本站不住脚，无法开展工作。”

### 3. 理顺地方政府与市场的边界

划定政府，包括中央政府和地方政府与市场的边界，涉及行政体制、财税体制、外贸体制、土地制度、分配制度、价格机制以及社会管理等众多领域，考虑到当前经济社会面临的突出问题，可从以下几方面入手逐步破题。

（1）“建立统一的社会主义市场经济体系。建议以基本公共服务均等化、公共设施基本完备，作为衡量省、市、区是否协调发展的主要指标，尽快取消地方的GDP、投资等规划指标，以利于保证全国政令统一、市场统一。同时加快劳动力、土地、资金等要素配置的市场化进程，打破行政性分割，特别是‘诸侯经济’分割对要素市场配置的阻碍。”

（2）“地方政府要确保中央方针政策和国家法律法规的有效实施，加强对本地经济社会事务的统筹协调，侧重提供良好的经济社会发展环境，提供基本公共服务，维护市场公正、公平竞争秩序和社会安定。”

（3）“明确划分各级政府事权财权。按照公共财政框架和基本公共服务均等化的要求，明确界定各级政府的事权，落实与之相匹配的财权。建议逐步将基本公共服务事权适当集中到中央，由中央统筹平衡各地基本公共服务的标准，并建立全国统一的基本公共服务经费保障机制。尽快将各级政府间财税关系、责权划分等基本制度以法律形式加以规范，限制中央政府部门的自由裁量权，杜绝‘跑部钱进’的弊端，同时减少地方政府对土地财政的依赖。”

（4）“深化行政管理体制改革。加快推进政企分开、政资分开、政事分开，政府与社会组织、市场中介组织分开。把不该由政府管理的事项如企业经营决策等，坚决转移出去；把该由政府管理的事项如基本公共服务等，切实管好。以制度保证充分发挥市场在配置资源中的基础性作用。”

（5）“大力发展和规范社会组织。我国现在已有约44万个社会组织、中介机构、基金会等，但绝大多数存在‘官办、官管、官运作’的现象。要看到市场主体自律与自协调机制的缺失，迫使政府在社会和经济管理方面维持‘管得过宽、管得过细、管得过死’的局面。在国家法律框架内，发展完善社会组织，形成灵活的社会自协调机制，有效平衡不同社会群体的利益，是深化行政管理体制的内在要求，是清晰界定政府与市场边界的重要前提。”

## 七　社会组织理论探讨

2004年，回顾企业改革的历程，我在中国经济50人论坛组织的长安讲坛上提出，“搞国有企业改革为的是改变它们作为政府附属物的地位，培育市场主体。但多年来我们考虑的重点是单个企业如何成为市场主体，对于企业主体地位形成之后，具有共同利益的企业需要以行业协会等形式组织起来的研究很不够。在市场经济条件下，不同的市场主体需要组织起来维权并自律。现在企业主体的组织行为严重缺失，已经对经济持续平稳发展造成很大的负面影响”。我指出，“缺少市场主体的组织性自律，企业难免竞相压价，无序竞争，而政府面对众多分散的企业进行调控，按下葫芦浮起瓢。缺乏市场主体的组织性维权，企业权益受到损害，只能个别与政府部门沟通。企业与政府之间广泛而灰色的交往，为权钱交易搭建了便利平台”（参见《关于培育市场主体的几个问题》，此文被收入《改革：企业·劳动·社保》一书，社会科学文献出版社2006年版）。我认为，从培育市场主体的角度看，经济运行的深层次矛盾，一是政府职能转变远不到位，地方政府仍在很大程度上充当市场主体，一是企业作为市场主体发育还远不够成熟，尤其是主体组织行为严重缺失。为此我对行业协会问题进行了深入的研究，提出了改革建议。

### 1. 我国市场主体的组织行为缺失

我提出，与成熟市场经济国家比较，我国市场主体发育不成熟现在主要表现为组织行为缺失，并以我国行业协会存在的问题为案例加以说明。

（1）行业协会定位不准确。“目前报刊上有关文章多数说行业协会是中介机构或中介组织，许多行业协会章程也明文规定自己是中介组织，我认为这种定位很不准确。这里，我提出区别中介组织和行业组织的两条标准，供大家参考。一是看这一组织的基本服务对象是本组织会员，还是其他社会成员；二是看这一组织的基本经费来源是会费，还是咨询服务收费。中介机构主要是为别人提供服务的，如民间研究机构、咨询公司，会计师事务所、律师事务所等，它们为别人提供咨询服务，为别人打官司，为别人搞审计。中介机构的活动经费主要来自服务收费。行业组织是同行业企业自愿组织起来，维护本组织会员利益，并对本组织会员起约束作用的利益共同体，主要为会员服务。它要代表本组织会员与其他组织谈判，与政府沟通，必要时到法庭上为自己的会员打官司，行业协会的经费主要来源于会费。我认为，行业组织不应与中介机构混为一谈。”“这并不排除一些专门为了加强管理，传播信息，主要靠收取服务费生存的所谓协会，它们具有一定中介服务性质。”

（2）行业协会的职能不到位。截至2004年，由于行业协会具有浓厚的政府色彩，目前主要面向原系统的国有企业、多数非国有企业不愿意参加行业协会，使得我国行业协会的覆盖面狭窄，在与政府或其他行业组织协调过程中必然缺乏权威性，职能难以到位。

第一，在提出和制定行业标准方面，我国行业协会远未发挥应有的作用。“以这次（2004年）宏观调控为例，钢铁、水泥、电解铝等过热行业，有没有行业标准限制它们低水平重复、一哄而起？有关宏观调控部门确实见识较早，但等问题凸现才提出制定行业准入标准却为时已晚，何况这些标准还是由政府主导的？行业协会能发挥类似专家咨询的辅助作用就不错了。原国家经贸委出台了一个《关于加快培育和发展工商领域协会的若干意见》，提出行业协会应参与制定行业标准和行规行约，以行规行约协调同行价格争议，对行内重大技术改造与开发项目进行前期论证等。这与发达国家行业协会自主提出并制定行业标准的作用已经相差很远，即便如此，大多数行业协会也认为履行这些职能目前尚无从谈起。现有的一些行业标准多是过去部门标准的延续或转化，一般低于国家标准。这使得行业协会无论在约束本组织会员还是在与政府部门或其他社会组织的对话中，都缺乏自己的行为准则，自律与维权职能必然处于软弱地位。"

第二，在制定劳工标准和协调劳动关系方面，我国雇主组织处于软弱地位。"现在中国企业家协会已经把雇主工作作为立会之本，加入了国际雇主组织，并与劳动和社会保障部、全国总工会建立了全国性三方协商机制。应当说，中国企业家协会在代表雇主开展活动方面取得了突破性进展。但是，中国企业家协会自己也认为，与劳动和社会保障部、全国总工会相比，在三方协商方面自己处在最弱的地位。中国企业家协会曾长期把自己定位为中介组织，一个中介组织如何与劳动部门、工会对等协商？现在私营企业大多数还没有被三方协商机制覆盖，就是国有企业中，各地企业家协会在协调劳动关系方面又能发挥多少实质性作用？如拖欠农民工工资问题，闹到民工跳楼自焚或打家劫舍事件不断，政府总理直接出面为民工讨工资，这才从上至下以行政手段进行清欠，一清就是近400亿元，其中还有相当部分是地方政府政绩工程欠款，且至今拖欠事件仍不绝于耳。工资是历史最悠久的典型劳动关系问题，搞得不好，必然激化为剧烈的社会矛盾甚至阶级冲突，这已经被各国工业化历史所反复证明，而我国雇主组织至今在这方面几乎无自律作用可言。”“在市场经济条件下，企业本来就以追求利润最大化为目标，加上我国总体劳动力供大于求的背景，如果缺乏行业自律，地方政府再为招商引资向资本倾斜，那么侵犯劳动者合法权益的事件就难免越演越烈。”

第三，在制定国际贸易标准和协调对外贸易方面，行业协会基本没有发挥作用。“温州打火机协会对欧洲的贸易壁垒谈判起到了积极作用。可惜这样的例子太少，而相反的案例却不胜枚举。我们出口的鞋子只有所在国同类质量鞋子价格的十分之一，原因在于我们的鞋商已经不是与外商竞争了，而是窝里斗，恶性竞争、自相杀价。西班牙埃尔切的华人鞋商有近70家，没有任何组织，一盘散沙，发生烧鞋事件后竟然找不出人与西班牙有关方面交涉。同时，我们进口原材料如铁矿等价格大幅上涨，也是和我们许多进口原材料的企业各自为战，竞相提价有关。这哪里有一点行业协商、价格协调、一致对外的维权自律作用？”

“上述事例说明，在行业标准、劳动标准和国际贸易标准三个方面，我国行业协会都没有发挥应有的维权与自律作用。在国内缺乏行业维权自律作用，政府部门可以出面协调；在国际上不能发挥行业维权自律作用，政府加以干预不符合WTO规则，例如政府定价涉嫌计划经济，有碍我国取得市场经济地位。”

## 2. 建议率先取消对行业组织的“双重管理体制”

我在2004年《关于培育市场主体的几个问题》的讲演中建议取消对社会组织“双重负责”的规定，可考虑在行业协会率先实行。

（1）完善有关社会团体的立法。“1950年我国颁布了《社会团体登记暂行办法》，对当时需要的各种社会团体依法进行了登记，并依法取缔了各种反动社团。为了适应改革开放形势的要求，1998年国务院颁布了《社会团体登记管理条例》，并依据这个条例对全国各地的社团进行了清理整顿，取得了一定成绩。应当说，这个条例还不能满足社会团体与行业组织发展的要求。全国绝大多数社会组织都存在‘官办、官管、官运作’的弊端，就说明管理条例需要完善了。从各地反映的情况看，主要问题在‘双重负责’，即每个民间组织都要接受登记机关和业务主管单位的双重管理。业务主管单位几乎都是某一政府部门，让他管，他就要实际上任命社会组织的主要负责人，不把‘一把手’的帽子攥在自己手中，按行政思维那是管不住的，出了问题还要负责，所以许多政府部门领导不如干脆自己兼任，既便于管理，又多了一条安排干部的途径。在这样的管理方式下要政府与社会组织分离，并把不该管的事交给社会组织，不说南辕北辙，也是勉为其难。因此，应当总结1998年以来包括行业组织在内的社会组织实际运行的经验和不足，按照政社分离的原则，改变‘双重负责’规定，明确社会组织负责人必须由民主选举产生，政府官员不得兼任社会组织负责人，给社会组织依法独立活动的空间。如果考虑到社会组织范围宽泛，取消‘双重负责’一步到位有困难，可以在经济类行业协会中先行试点。”

（2）加强对社会组织的监管。“给社会组织独立活动的空间，是为了更好地发挥它们在市场经济条件下维护本组织合法权益并规范本组织成员行为的作用。在国内外还存在各种敌对势力的背景下，我们也不能不考虑社会组织被利用进行非法活动的可能性。近年来个别地方也确实出现了披着社会团体外衣，对我国国家安全和社会稳定搞破坏活动的反动组织。对这类组织，当然要依法坚决取缔。对合法的社会组织，政府一般不应干预其独立自主活动。但是考虑到我国社会组织尚处在发育过程中，对新形势下处理不同群体利益矛盾经验不足，特别是在团体利益与国家利益发生矛盾，团体当前利益与国家长远利益发生矛盾的时候，有可能发生一些社会组织不顾整体和长远利益，以违纪甚至违法手段谋求团体当前利益的行为。为此，必须在扩大社会组织活动空间，提高其独立性的同时，加强政府监管。政府监管不干涉社会组织正常活动，只在发生违纪、违法以及发生影响社会稳定大局的过激行为时才依法进行干预。此外，加强社会组织中党的组织建设，发挥党组织的政治保证作用，也是我们国家特殊的优势。”

### 3. 深化社会组织改革

2014年，我在《发展社会组织是地方政府职能转变的重要前提》（参见《地方政府公司化研究》，中国财富出版社2014年版）一章中进一步分析了发展社会组织在完善国家治理结构中的重要作用，肯定了近年来社会组织建设方面取得的进步，并就深化社会组织改革提出了一些建议。

（1）加快实施政社分开。“邓小平同志早就讲过，我们的政府管了许多‘管不了、管不好、不该管的事’。其实，在没有社会组织的背景下，政府只能一竿子插到底，包揽所有经济社会事务，调解一切经济社会纠纷；在社会组织作为政府附属物的条件下，政府即便向它们放权，也无异于把权从左口袋换到右口袋。只有社会组织真正做到依法自治、政社分开，政府尤其地方政府才具备简政放权的前提。十八届三中全会《决定》指出：‘适合由社会组织提供的公共服务和解决的事项，交由社会组织承担。’在这方面，可以做的事情很多。例如，放手让行业协会承担行业标准的研究制定。各行业协会的企业会员处在市场激烈竞争的第一线，产品随行就市，不断更新变化，对技术质量标准企业最有发言权。又如，放手开展相关行业之间的自行协调。煤炭行业协会与电力行业协会就可以对资源价格等问题进行充分协商，稳定市场预期，维护市场秩序。再如，让雇主组织与工会组织进行协商、谈判，在国家劳动法律法规的框架内，制定行业或企业工资福利标准并调解日常的劳资矛盾。还有，现在群众极为不满的生态环境问题，也可以大力发挥社会组织的作用。”“在市场竞争日趋激烈、社会生活日益多样化、社会群体不断分化的经济社会发展新阶段，诸多可以由社会组织自行管理调节的职能，政府再长期包揽，不仅越俎代庖，而且实在难以为继。”

（2）正确贯彻党对社会组织的领导。“随着政社分开的进程加快，不少人担心社会组织是否会失控，一些地方采取‘党进府退’策略，加强基层党组织在社会组织中的领导作用。”“加强党对社会组织的领导，方向无疑是正确的。同时要注意，党的领导，主要体现在政治思想方面，体现在党领导制定的宪法和各项法律、法规方面，而不应当对社会组织的具体工作、日常工作进行干预。这方面，我国企业领导体制的改革经验值得借鉴。曾经长期实行的‘党委领导下的厂长负责制’，致使企业党委直接管理生产经营业务，结果造成以党代政、党不管党、党政责任不清等弊端。企业领导体制经过不断改革，现在大多建立了董事会、监事会和职业经理人的现代治理结构。因此，在加快实行政社分开的过程中，不能形成或变相形成‘党委领导下的会长负责制’，而要保证社会组织在宪法、各项法律法规范围内维权自律的独立性，这样才能贯彻政社分开的初衷。”

（3）增强社会组织自身活力。“我国社会组织发育过程与一般市场经济国家不同，是脱胎或孵化于政府管理的，因此增强社会组织的活力，在政社分开初期，既需要自身艰苦努力，也需要政府适当扶持。当前社会组织普遍反映，他们一是缺自治，二是缺资金，三是缺人才，这是增强社会组织活力急需解决的问题。”

第一，健全社会组织治理结构。社会组织既不是政府的附属物，更不是帮会性质的“哥老会”。要真正落实政社分开，健全社会组织治理结构是当务之急。“要赋予社会组织独立的人事任免权，尤其是社会组织自主决定主要负责人的权限，建立健全社会组织的民主决策机制和制度。社会组织应当视具体情况，建立会员代表大会或理事会作为自己的最高决策机构。会员代表可以由会员单位推荐产生，理事会成员和常务理事会成员经协商后选举产生。会长、理事长等主要领导，必须经合法程序选举产生，不得再由主管部门变相任命。理事会或常务理事会负责审定社会组织的年度工作计划、财务计划，并监管日常活动。规模较大的社会组织还可以建立监事会，对本组织机构和各专业委员会进行监管。对于国家、省区市一级的社会组织而言，完善治理结构重在去行政化，杜绝相关政府部门的直接或变相的行政干预，做到依法自治。”

第二，推行政府购买公共服务。“社会组织可以发挥自身优势，向社会各界募集资金，并以自身服务回馈社会。同时，政府分离一部分社会管理职能后，不能简单放任不管，需要采取购买的方式创新公共服务模式，这也是从资金方面扶持社会组织，逐步增强社会组织活力的有效途径。十八届三中全会《决定》提出‘适合由社会组织提供的公共服务和解决的事项，交由社会组织承担’。2013年国务院颁布的《关于政府向社会力量购买服务的指导意见》，要求在公共服务领域更多地利用社会力量，加大政府购买服务力度，创新和完善公共服务供给模式。许多地方出台了具体的向社会力量购买公共服务的实施意见，如北京市明确购买服务的主体是社会组织、企业和一些事业单位，河北省提出，凡是适宜社会力量提供的公共服务，政府原则上不再包揽，不再就此增设机构，增加人员。”

“推行政府购买公共服务，是世界公共管理改革的趋势，对我国而言，创新公共服务购买机制，还是激发社会组织活力、增强社会组织发展可持续性的重要举措。采取契约化、合同化方式购买公共服务，让社会组织充分参与到公共服务供给中来，同时委托市场中介对社会组织提供的公共服务进行评估和验收，打破政府包揽公共服务的局面，将实现公共服务供给模式的根本性变革，有利于政府，特别是直接面对基层群众的地方政府转变职能。”

第三，培养从事社会组织工作的专业人才。“20世纪80年代中期到90年代末期，由于我国社会组织发育过程的特殊性，省区市以上级别的社会组织中，绝大多数工作人员都来自政府部门。随着事业单位改革的逐步推进，21世纪以来，从政府部门转到社会组织中来的人员越来越少，几乎绝迹，而从社会直接招聘人员又很困难，致使社会组织工作人员老化十分严重。一般情况下，社会组织的工作人员工资待遇、单位福利等都不如政府部门。在社会保障方面，许多社会组织中从原政府部门转过来的所谓‘老人’可以享受机关养老待遇，而招聘的‘新人’则只能按企业职工的养老保险制度缴费。城镇职工基本养老保险制度双轨制在社会组织内部形成的不平等待遇，特别是专业技术人员的职称评定难度远高于高校和研究院所，严重阻碍了优秀人才进入社会组织。”

（4）开展对社会组织的社会评估与监督。“社会组织发展起来，将成为一个门类众多、庞大的体系。对各种类型的社会组织进行行政监管十分必要，但工作量也巨大，因此有必要开展对社会组织的社会评估与监督。一是根据社会组织信息公开原则，要求社会组织的组织机构、年度工作、财务报表公开透明，以利于社会公众对其进行评估和监督。二是要求各社会组织定期对自身活动进行全面的自评估和必要的自审计，有关情况要及时向会员或理事会、常务理事会成员通报，并向社会公开。三是开展第三方评估与监督，政府和社会组织都可以通过购买服务的方式，委托研究机构或民间调查评估机构对相同类别的社会组织进行评估，必要时也可进行评比，通过第三方的评估、评比，起到社会监督作用。四是发挥媒体和网络的作用，对社会组织活动进行单项或综合性评估监督。”

## 八　区域协调发展理论探讨

我自2004年担任国务院振兴东北地区等老工业基地领导小组办公室副主任至2008年退出行政工作岗位，从事了5年区域协调发展工作。因工作关系，我对区域协调发展问题有了一些切身体会，并梳理了新中国建立以来的区域发展战略沿革，特别是改革开放后的区域发展战略演变，借鉴国外区域协调发展的经验教训，对面向经济新常态的区域协调发展新思路、新举措提出了一些建议。这些建议曾在全国政协大会和协商会上发表，被多家报刊报道。主要观点归纳在《新常态下的区域经济大变局》（浙江大学出版社2015年版，武士国、许欣参与编写）一书。

### 1. 基本公共服务均等化应作为区域协调发展的主要目标

“在市场机制作用下，资源要素必然向发展条件较好、回报率较高的区域集聚，继续以GDP或人均GDP作为衡量区域是否协调发展的首要目标，区域协调发展的任务几乎难以完成。由于自然禀赋与地理位置差异，不同区域GDP或人均GDP是不可能一致的。例如，按照主体功能区的划分，列入禁止开发的地区与列入重点开发的地区就很难达到人均GDP大体相当。又如一些困难地区，如新疆南疆地区、青海西藏等地的藏区、秦巴山区、武陵山区、滇黔桂石漠化地区、西南民族特困地区、西部边境贫困地区、'三西'地区等，现在人均GDP只相当于全国平均水平的1/3或1/4，如果以人均GDP大体相当作为区域协调发展的主要衡量指标，那么实现区域协调发展就是十分困难和相当遥远的事情。我国由于前一阶段各地偏重总量GDP或人均GDP指标，公共服务均等化的问题没有被提到应有的位置，致使居民收入一次分配的地区差距，经过二次分配反而扩大了。况且区域之间的GDP竞争还必然导致各地盲目上重化工业项目，加剧产能过剩和生态污染。"

"应当考虑以基本公共服务均等化、公共设施基本完备作为衡量区域协调发展的主要指标。教育、医疗、社保、住房等民生指标大体相当，供水、供气、供电、供暖大体平衡，铁路、公路、民航等交通设施以及现代通信设施基本具备，就可以认为区域发展水平大致协调了。国际经验也表明，政府建立面向全民的均等化的基本公共服务和基本公共设施，是在发展过程中缩小地区居民收入差距的普遍做法。"

### 2. 建立统一的市场体系应成为区域协调发展的基本准则

"新时期促进区域协调发展，必须把区域发展放到全国发展大局中，不仅立足于解决特定区域存在的问题，更要立足于全国总体目标、全局目标和长远目标制定区域发展战略。要警惕过多的国家级区域规划形成层次不等、种类繁多、画地为牢的各类财税、土地、外贸等优惠政策，结果反而在一定程度上割裂了全国统一的社会主义市场经济体系，形成地方政府主导的'诸侯经济'，最终加大了区域协调发展的难度。"

"按照'四个全面'的战略部署，区域协调应更加关注全面深化改革和全面建设小康社会的总目标，着力促进全国统一大市场的形成和市场要素的自由流动，激发各地区的发展活力和发展潜力，促进各地区的合理分工，理顺阻碍区域协调发展的体制机制，破除各种限制生产要素尤其是劳动力合理流动的障碍。建议加快建立全国统一的医疗、养老、失业等社会保障制度，并相应提高统筹层次，重点解决基本社会保障项目跨地区转移和异地接续的问题，特别是东部沿海地区应加强对外地务工人员的社会保障，强化劳动力使用地的责任，促进劳动力要素跨区域合理流动。与此相适应，'十三五'时期应进一步加大户籍制度改革的力度，放宽对人口流动的限制，在此基础上，有序推进公民自由迁徙权的确立。一国公民的自由迁徙权将对公共服务均等化起到极大的推动作用，从而进一步缩小区域差距以及城乡差距。"

### 3. 合理划分基本公共服务方面中央与地方的财权事权

“把基本公共服务均等化作为区域协调发展的主要衡量指标，就必然要求规范基本公共服务方面中央与地方的财权事权。现有的中央和地方财政关系方面，各级政府间职责、事权划分不清，中央和地方职责交叉，地方事权过大，财权过小，尤其是教育、卫生、社会保障、公共安全、环境保护等基本公共服务供给方面的事权集中由地方承担，但没有相对应的财权。这导致经济发达地区有财力进一步提高本地区的基本公共服务水平，一些欠发达地区尽管得到了中央的转移支付，但仍然远跟不上发达地区的基本公共服务财政投入水平。就全国看，包括义务教育、公共卫生、基本社会保障在内的许多基本公共服务项目，仍存在地区间二次分配扩大一次分配差距的逆向转移问题。”

“十八届三中全会《决定》提出，‘部分社会保障、跨区域重大项目建设维护等作为中央和地方共同事权，逐步理顺事权关系；区域性公共服务作为地方事权。中央和地方按照事权划分相应承担和分担支出责任’‘对于跨区域且对其他地区影响较大的公共服务，中央通过转移支付承担一部分地方事权支出责任’。按照十八届三中全会《决定》精神，考虑到基本公共服务均等化是针对全国而言，建议中央政府在教育、医疗、社会保障等基本公共服务方面，担负更主要的支出责任。一是明确界定基本公共服务的范围，并随同经济社会发展水平提高而相应调整。二是明确全国实施基本公共服务均等化的标准，由中央政府平衡各地基本公共服务的投入水平，并建立科学的评价指标体系，在'十三五'时期坚决扭转地区间基本公共服务投入扩大一次分配差距的逆向转移趋势，再经过5至10年的努力，力争初步达到基本公共服务主要项目全国均等化的目标。三是明确划分各级政府提供基本公共服务的权责，保证责任归属清晰、合理。四是完善财税制度，合理调整政府间财权配置，扩大地方税收来源，并且按照基本公共服务均等化的要求，完善财政转移支付制度。五是鼓励发达地区吸纳欠发达地区的人口，促其融入当地社区，成为稳定的迁徙者。中央和地方政府应以常住人口，而不是户籍人口为基数来制定基本公共服务的发展政策和发展目标。中央政府在财政转移支付等各项政策上，对主动吸纳外来人口的地区给予适当鼓励。”

#### 4. 改革阻碍区域协调发展的相关税收体制

有关资料显示，1994年以来，我国省际人均税收收入差距与人均GDP差距相比，呈现明显的扩大趋势，这说明人均税收收入省际差距并不完全是由经济发展水平的差异决定的。从税收体制上看，有两个重大问题影响到区域协调发展，需要通过深化相关税收体制改革来加以解决。

（1）税收地与税源地背离造成的区域税收不合理。“具体表现为，一个地方政府创造的税源所形成的税收没有被本地政府所收缴和享有，而是被另外的地方政府收缴和享有。例如，西气东输的营业税和所得税、发电环节的增值税被售气、售电环节的地方政府征缴。央企集团特别是金融类央企，其全国范围利润所形成的所得税被总部所在地征缴，个人所得税的代扣代缴制度和地方分成制度使得异地获得收入的居民的税收被不为他提供公共服务的地方政府征缴，等等。据统计，目前占全部税收90%以上的收入都不同程度地存在税收地与税源地背离的问题。这一税收制度设计产生的问题，对区域发展产生了巨大的负面影响。由于总部大都设在发达地区，特别是集中在大城市、特大城市，因此落后地区、原材料产地、中央企业生产基地所在地区，其税源所形成的巨额税收被发达地区和中心城市征收，加大了区域差距，本身也是对不同区域平等权利的损害。税收地与税源地背离所产生的问题十多年前就被提了出来，但由于既得利益格局难以打破，至今没有得到合理解决。建议相关部门认真研究，在'十三五'时期改革这一税收制度，使大多数经济相对落后的税源地可以合理分享本地产生的税收，这对于区域协调发展具有重大意义。”

（2）资源税改革长期滞后造成“资源诅咒困境”。“随着科技的发展，人类开发资源的能力大大加强。世界上许多资源产国，如石油输出国都靠资源而发家致富。但是我国资源富集地区却绝大多数经济欠发达，众多资源型城市或地区在资源枯竭或濒临枯竭时还陷入十分困难的境地。这一现象，被研究资源枯竭问题的学者称为'资源诅咒困境'。我国的'资源诅咒困境'带有明显的区域色彩。长期以来，中西部和东北地区主要提供原材料、农产品等要素类初级产品以及矿产、森林、电力等资源类上游产品，而东部地区主要提供高附加值的下游产品。由于计划经济的资源行政配置惯性和资源品价格与产成品价格机制的不平衡，中西部和东北一些资源产地的上游产品低价输入东部，而东部沿海地区的下游产品高价输入中西部和东北地区。资源税负偏低并缺乏相应的合理分享机制，造成地区间的税负转移逆向运行。中西部和东北的资源优势不能转化为当地的经济和财政优势，这极大地制约了中西部和东北地区的经济发展。从这一角度可以说中西部和东北的资源产地为东部沿海地区经济发展做出了资源税收贡献。”“事实证明，扩大资源税的征收范围，有选择性地将一些自然资源纳入资源税的征收范围，并提高资源税的税率，通过扩大资源税范围和提高税负，缓解东中西部价税逆向运行的局面，提高资源型产品的价格，将税负转到资源的加工和使用环节，将有利于中西部和东北地区把资源优势转化为经济和财政优势。”

### 5. 实施行政区与类型功能区相结合的区域发展战略

目前，发达国家（地区）的区域政策并不以行政区划进行划分，而是按照问题导向的类型区进行划分。如欧盟已建立了区域统计三级单元目录并以此作为区域政策的识别标准，大致分为两类：一类是欠发达地区，其主要任务是解决加快经济增长所需的资金和高素质劳动力等问题；一类是需要产业结构升级的地区，类似我国的老工业基地，其主要任务是解决就业岗位减少、福利水平下降等造成的恶性循环等问题。“我国目前的区域政策主要以行政区划为基础，界定区域边界和制定区域政策。借鉴欧盟和一些发达国家的经验，建议在行政区域划分的基础上，探索按照国土空间开发评价和问题导向划分区域援助政策范围。可考虑适当缩小区域政策的施行范围，将区域政策下移一级，到地级市和县的层面。通过相关指标分析和确定需要中央政府援助的贫困地区、老工业基地、资源枯竭城市、粮食主产区、边境地区、少数民族地区、革命老区，以及需要指导加快发展的大都市区、改革试验区等，制定有针对性的区域政策。加大对特殊类型区域的支持力度，建立全国统一的国家区域援助政策体系。”

“在进一步细化区域政策的同时，建议将区域规划的重点转移到促进城市群的发展上来。我国的城市承载着50%以上的人口和80%以上的经济活动，并正快速成长。城市在促进区域协调发展和生产力优化布局中有着十分重要的作用。可以考虑从行政区划内的功能布局调整为合理规划跨行政区的产业和城镇的空间关系，使城市产业的选择和发展与城市规模、职能相匹配，完善城镇基础设施和公共服务设施，构筑城市间现代化的基础设施网络，实现产业整体协同发展，形成城城之间、城乡之间、城市群内部良好的分工与联系，加强跨行政区的区域合作，推动互利共赢。以多个城市组成的城市群为区域规划的主要对象，加强高铁等快捷交通基础设施建设，增强城市间物理连接性和经济关系性，提高城镇体系承载人口和经济活动的整体能力。”

### 6. 实施板块与轴带结合的区域发展战略

“建立在四大板块基础上的区域经济政策，主要是以地理位置并考虑行政区划对我国区域进行的划分。值得注意的是，四大区域板块一定程度上割裂了区域之间的经济联系，形成了在政策上各个区域板块的攀比，导致发展诉求与支撑条件的不匹配，同时，过去10年的相关数据也说明，对于地域辽阔，地区间自然条件、历史基础和经济发展水平差距较大的西部地区和东北地区来说，四大板块的划分在空间尺度上仍然偏大，掩盖了部分困难省市区发展中存在的问题，各板块的内部差异仍不断扩大，区域政策针对性有所降低。”

“新时期要充分发挥横跨东中西、连接南北方的重要轴带、提升轴带对统筹区域发展的引领和带动作用。可以考虑沿长江、珠江、黄河等大江大河和京广、京哈、京沪、陇海等重要交通干线，促进生产要素集聚和扩散，促进区域人口、产业、城镇布局的优化，逐渐形成经济开发轴带。同时充分发挥一级轴带的核心作用，辐射带动周边地区形成二级开发轴带和复合开发轴带，如充分发挥长江经济带的辐射带动作用，延伸形成汉江经济带、湘江经济带、赣江经济带等二级开发轴带，形成我国东中西开发的主轴带。依托京广一级轴带向东向西延伸形成京九—京广—焦柳宽约300公里、长约2000公里的我国南北复合发展主轴带。”

“在轴带开发的同时，进一步细化四大区域板块，依托现已形成的城市群和经济区，逐步培育形成东北、京津冀（含山东）、泛长三角、泛珠三角、长江中游、西南、西北、海峡西岸等八大区域经济板块。将轴带和板块结合起来，既注重轴带对区域协调发展的统筹能力，又注重引导生产要素在区域板块内部集聚和合理分工，从而形成网格化、多支撑的区域发展新格局。”

### 7. 实施国内区域与国际区域有机衔接的区域发展战略

“20世纪90年代以来，经济全球化和区域经济集团化成为世界经济发展的两大趋势。据不完全统计，目前世界上80%左右的国家参加了不同层次的区域合作组织。全球构建完成或正在构建的主要区域集团组织有欧盟、北美自由贸易区、亚太经合组织、东盟、中国-东盟自由贸易区、独联体经济联盟、加勒比共同体、安第斯集团等。区域经济一体化已成为许多国家应对全球化、融入世界经济的重要策略和手段。目前，我国参与的具有实质内容的国际区域合作和次区域合作有：亚太经合组织、上海合作组织、中国-东盟自由贸易区、《中国-瑞士自由贸易协定》《亚太贸易协议》、澜沧江-湄公河国际次区域合作、中国与中亚次区域合作、图们江次区域合作等。但总体来看，我国参与国际区域、次区域合作的深度和广度均不够。进一步加强国际区域、次区域合作，以‘一带一路’促进国内各区域发展恰逢其时，通过对外开放促改革、促合作、促发展，是未来国内促进区域发展的新趋势。当然要看到，国际区域合作与国内区域协调发展有着极大的差别。”

“以‘一带一路’为例，不仅要处理好国家与国家之间的经济合作关系，还要综合考虑地缘、宗教以及合作国家内部政治稳定性和国际恐怖主义等因素，历史遗留的领土或领海争议也是难以回避的问题。同时也应看到，谨慎并积极地实施‘一带一路’建设，符合当前国际国内大形势，相关问题处理得当，我们就能够趋利避害，力促双赢共赢，开创国际区域与国内区域有机结合的区域发展新途径。”

以区域间基本公共服务均等化为主要目标，以构建全国统一的社会主义市场经济体系为基本准则，合理界定中央与地方的事权财权关系，改革阻碍区域协调发展的相关税收体制，在充分发挥四大板块各自优势的基础之上，实施行政区与类型功能区相结合、板块与轴带相结合、国内区域与国际区域相结合的区域发展战略，促进“一带一路”、长江经济带和京津冀协同发展，并以此作为区域协调发展的三大新支撑带，这将大大丰富中国的区域发展战略，形成中国区域发展的全新格局。

## 九　资源型城市可持续发展理论探讨

在推动东北老工业基地振兴的工作中，资源枯竭型城市的转型是一大难点。按国务院领导部署，我负责《国务院关于促进资源型城市可持续发展的若干意见》文件的前期调研起草工作，在这一过程中考察了德国、法国、瑞典、日本等发达国家解决资源枯竭问题的政策措施，认识到资源型城市可持续发展也是中国工业化过程中不可逾越的环节。中国经济社会发展面临的三大问题——生态环境污染、能源资源紧缺、分配差距过大，在资源枯竭型城市表现最集中。我国资源枯竭型城市多数处于相当困难的境地，其原因除了客观因素外，还有中国特殊的机制体制问题，资源型城市可持续发展将是中国经济社会发展长期面临的重大问题（参见《资源型城市的可持续发展》，此文被收入中国经济50人论坛丛书《长安讲坛第四辑》，中国经济出版社2009年版）。

### 1. 我国资源型城市困境的体制成因

不可再生资源开采完之后都要求城市经济转型，这是工业化过程中各国面临的共同问题。欧美等国（地区）在这方面已经积累了近百年的经验和教训，值得学习借鉴。同时应当看到，我国资源型城市面临的困境还有经济转轨形成的体制机制原因。分析这些原因，有利于我们有针对性地提出促进资源型城市可持续发展的政策建议。

（1）计划经济的直接调配与转轨时期的价格失衡，使得资源型城市陷入畸形发展的轨道。“在计划经济下，全国一盘棋，资源被国家无偿调配，经济转轨以来，资源品的价格又被压低，从资源型城市低价输出，同时制成品以高价输入，造成资源型城市双重失血。再有，矿业城市长期实行条块分割管理，资源行业和企业多以部门管理为主，不少资源型城市‘先有矿，后建城’，企业级别高、规模大，政企不分，企业办社会等问题突出，如宜春市至今政企不分，市长还兼任林业企业总经理。随着经济体制改革进程的推进，中央企业有的上收，有的下放，造成资源型城市复杂的政企关系。此外，由于政企不分等历史因素，大多数国有企业呆坏账严重，信用差，贷款难，这成为当前制约资源型城市转型的瓶颈。”

（2）资源型城市长期缺乏“以人为本”的可持续发展理念指导。“在资源开采的时候，缺乏统筹规划，尽量有水快流，甚至竭泽而渔。不少资源型城市的建设未经严格科学论证，长期‘先生产，后生活’，重资源开发，轻城市建设，在生活基础设施方面大量欠账。近年来，一些地方政府和企业领导单纯追求GDP的增长，热衷于锦上添花，搞政绩工程，对一些本来可以解决的问题，像棚户区的饮水、公厕、公共照明等，长期拖着不办。地方政府认为，企业赚钱时是中央的，破产或濒临破产了下放给地方，而且下放补贴中没有包括矿区的基础设施建设，现在让地方政府拿钱，他们意见很大。”

（3）价格和财税政策难以保障资源型城市的可持续发展。“目前我国资源产品价格扭曲，矿业企业成本不完全，未能涵盖矿业权有偿取得成本、环境治理成本、安全投入成本和衰退期管理成本等。很多矿山的开采严重破坏环境，但企业不支付治理费，这部分成本没有规定在开采成本中逐年摊销，而是推给了政府，留给了社会，最后受到直接损害的是企业的矿工和他们的家属。现有的资源税费制度也存在一些问题，资源上缴的税费地方分成较少，国家与地方的利益关系尚未理顺，中央财政支出中用于解决因资源开采而形成的历史遗留问题的份额不足。财政转移支付制度缺乏补偿资源型城市历史欠账的稳定渠道，造成资源型城市长期缺乏合理补偿。”“应当看到，在传统增长模式和体制下，资源已经枯竭或者濒临枯竭的城市背上了沉重的历史包袱，而资源还处在稳定增长期的城市，由于缺乏有效的制度机制保障，近年来一些地方仍在拼资源比政绩，不少民营企业在廉价资源的利益驱动下，破坏生态压榨劳工，盲目逐利，结果继续甚至加速了对资源和环境的破坏。”

### 2. 促进我国资源型城市可持续发展的建议

2006年，我在中央党校发表了《我国经济社会可持续发展面临的一个突出问题》（此文被收入《中共中央党校进修部学员论文选（六）》，中共中央党校出版社2006年版），并在文中指出：“近年来，特别是中央提出振兴东北地区等老工业基地的战略以来，各级政府和有关方面提高了对资源型城市可持续发展的认识，采取了一些措施解决资源型城市的燃眉之急，如东北地区采煤沉陷区、棚户区治理，对阜新、抚顺、白山、辽源、大庆、宜春等不同类型的资源型城市在项目建设上有所侧重，这些试点城市本身也做了艰苦的工作，在一定程度上缓解了经济困境和社会矛盾。同时，地方政府、有关部门和经济理论工作者都一致认为，现有的支持政策大多是用于治标，尚未形成资源型城市可持续发展的政策保障体系。”借鉴国外经验，结合我国实际，我提出几点建议：

（1）建立健全资源型城市可持续发展的长效机制。“建立健全资源开发补偿机制和衰退产业援助机制是促进资源型城市可持续发展的重要保障。对资源开发进行补偿，应该在资源开采的不同阶段，遵循市场规律，采取法律的和必要的行政措施，引导和规范市场的不同主体合理开发资源，承担资源开采对于生态环境保护与修复的责任。对衰退产业进行援助，应该支持资源开采进入中后期的城市大力发展接续替代产业，合理转移剩余的生产能力，加大转业培训力度，促进下岗失业人员实现再就业，解决企业历史遗留问题，保障资源产业平稳退出和资源型城市的经济社会可持续发展。”

"实施资源开发补偿和衰退产业援助，对于不同发展阶段的资源型城市，在程序取向上应该有所区别。一是对于原中央国有资源型企业形成的历史问题，以及资源已经接近枯竭的城市，中央财政应该给予必要的支持，以解决历史欠账。二是对于资源开采还处于稳产和增产期的城市，要坚持走市场化的道路，建立符合市场规律的资源价格形成机制，从根本上解决生态环境保护、基础设施发展、接续替代产业发展和资源产业退出、转产以及下岗人员安置问题。"

（2）完善促进资源型城市可持续发展的财税政策。

第一，加大财税政策支持力度。"抚顺市、白山市和其他一些资源型城市都建议实行'税收增量返还'政策，即以某一年度为基准，在今后的数年内，将试点城市上缴中央和省的税收增量部分通过转移支付的形式，按照一定的比例返还，专项用于解决历史遗留问题。他们认为这种做法可以极大地调动地方的积极性。如果财政部门认为这样做有困难，至少应当明确中央和省级财政对资源枯竭型城市的责任。例如明确中央和省级财政对资源枯竭型城市的转移支付增量不小于上一年度该城市上缴中央和省的税收增量。参照国外经验，为吸引投资增加就业，可以考虑对在资源枯竭型城市投资的企业给予一定年限的免税优惠。"

第二，建立企业资源开发补偿保障金制度。"对于新建矿山，依据矿山开采年限、现有矿山剩余寿命来确定分年预提保障金的金额，企业将当年实际发生的矿山环境治理费用列入成本，冲减预提费用；保障金及其利息属于矿山企业所有，由各地人民政府和企业在银行设立共同账户存储，共同监管，专款专用，采矿权人完成当年的矿山治理和矿山复垦任务以后，保障金及利息退还给采矿权人。采矿权人拒不治理，或者是治理不力的，由当地政府按有关约定将保障金转为治理费用组织治理。”

第三，建立资源产业衰退期转产资金制度。“资源开采业都有走向衰退的一天，企业应该在成长和成熟期就为转产和关闭做好准备。我国煤炭法明确规定：‘国家建立煤矿企业积累煤矿衰老期转产资金的制度’，但至今尚未得到落实。建议将这一制度从煤炭开采企业扩展到所有资源开采企业，并尽快落实。实施这一制度，要求矿业（森工）企业在税前成本中按一定比例提取转产资金，在会计报表中单独反映，专款用于发展接续替代产业、调整产品结构、解决企业历史遗留问题和企业关闭善后工作等。”

（3）抓住当前资源型城市可持续发展的关键领域。

第一，大力发展接续替代产业。“本着‘一行一策，一城一策’的原则，对不同行业、不同城市制定相应的经济转型方案。如白山市在发展旅游产业方面有优势，抚顺市在煤化工方面潜力较大。发展接续替代产业除资源型城市的自身努力外，国家应给予适当支持。考虑到资源型城市在参与国债项目遴选时，往往不具备竞争优势而难以入围，可在国债和中央预算内资金中专门安排一部分，支持资源型城市发展。国家政策性银行和其他金融机构应根据各自的经营领域，积极为资源型城市接续替代产业提供金融服务。”

第二，着力解决就业和社会保障等社会问题。“国家在东北三省进行完善社会保障体系试点已经取得了明显成效，国有企业职工的社会保障问题基本得到解决。现在突出的问题是国有企业厂办大集体职工的再就业和社会保障问题还没有得到解决。单是居住在抚顺棚户区的居民，有70%是厂办大集体职工及其家属。建议把国有企业厂办大集体的试点工作尽快扩展到所有资源型转型试点城市，这将缓解资源型城市就业和社会保障面临的巨大压力。”

第三，大力加强环境整治和生态保护。“从2002年开始，国家率先对东北地区的15个原国有重点煤矿的采煤沉陷区进行治理，目前已经累计安排中央投资41亿元，初见成效。但总体而言，还有很多废弃的矿坑和开采遗迹没有得到及时治理，抚顺西露天矿就是一个典型。这不仅是因为资金上存在缺口，认识上还存在不足，应当组织多学科专家联合会诊，形成科学、合理、经济、高效，符合中国国情的治理技术路线，在这方面国家也应加大投入，防止严重的次生地质灾害发生。”

第四，加大对资源勘探的投入，强化资源开采调控。“辽源等试点城市反映，近年来资源勘探能力弱了，地质勘探严重萎缩。据统计，2000年我国用于地质勘查的岩芯钻探工作量仅是1975年的2%，新发现矿产仅为1987年的27%。现有政策对激励矿产勘查的动力明显不足，国家地勘投入占国家财政支出比例大幅下降，商业性勘查市场没有形成。应通过国家政策引导，积极培育多元化投资主体，重点安排在资源枯竭和濒临枯竭的矿区周边、深部探矿，尽量延续现有矿业企业生命。资源枯竭型城市的矿业企业通常具有大量的专用设备和专业技术人才，国家可通过资源开发的宏观调控，打破行政区划限制，引导这些企业优先开采周边地区新发现的矿产资源，尽量地延续现有矿业企业的生命。”

2007年发布了《国务院关于促进资源型城市可持续发展的若干意见》，十多年来，我国资源型城市可持续发展工作取得了明显进展。同时实践也证明，促进我国资源型城市可持续发展是一项长期艰巨的工作。欧美发达国家的资源型城市经历了少则30~40年，多则70~80年的经济转型过程。因此，对于解决资源型城市的问题要做好长期奋斗的准备。

## 十 增强中国智库的独立性理论探讨



党的十八大提出坚持科学决策、民主决策、依法决策，发挥思想库作用的新要求，这是当前中国智库建设的重要任务。当今世界，各种类型的智库，如美国的兰德公司、英国的伦敦国际战略研究所等，在本国政治、经济、文化、军事决策方面发挥了重要的作用，成为政府决策程序中不可替代的环节。我国智库起步较晚，如何尽快提升智库整体发展水平，以满足科学决策、民主决策、依法决策的要求，需要立足改革开放以来的经济社会发展情况，并借鉴国际经验，全面构建能够充分发挥智库作用的体制与机制。与国际知名智库相比，我国的智库在计算机、网络、办公设施等硬件方面差距并不大，最大的差距在于缺乏智库应有的独立性。我在2014年上海社科院举办的“中国智库国际峰会”、2015年中国经济体制改革研究会举办的“中国改革论坛”、2017年深圳创新研究院与马洪基金会共同举办的“社会智库论坛”上都强调了提高中国智库独立性的重要性（参见《社会科学报》2014年7月17日第二版《增强中国智库的独立性》一文）。

### 1. 提高我国智库的独立性是经济社会发展的必然要求

“马克思主义的一条基本原理是经济基础决定上层建筑。中国改革开放30年来，经济基础发生了巨大的变化。尤其在资源的配置方式方面，过去是政府独家作为资源配置的主体，整个国家像一个大工厂。在这种情况下，也有一些研究机构，但这些研究机构都是上级行政部门的附属物，不可能有独立的研究环境，他们至多可以在上级指定的范围内提出一些业务性或技术性的补充建议。”

“改革开放30多年，现在各类市场主体发育起来，市场主体进一步分化，社会呈现多元状态，与此相适应，有共同经济利益的市场主体就有了组织起来进行维权自律的客观要求。面临不同利益群体的呼声，政府在公共政策决策过程中应与社会组织进行充分的民主协商，不同社会组织也应建立相互的自协调机制。这一深刻的社会结构变化，为中国智库的发展提供了极大的空间。一方面，政府需要与各类社会组织进行对话；另一方面，不同社会组织之间的利益协调也需要对话。这两种对话都可以通过各自的咨询机构或公共咨询机构——智库，进行协商。民主协商是平等对话，不是行政体制内上级听取下级的意见，不是强势团体压制弱势团体的‘城下之盟’，更不是政府按自身需要选几个代表在划定的话语权内对话。由于整体与局部利益往往发生矛盾，不同利益群体之间往往发生矛盾，要解决而不是激化这些矛盾，应当允许智库代表各类社会群体发出真实呼声。这就要求中国各类智库都提高独立性。”

“在新的历史发展阶段，政府进行公共决策要面对不同的市场主体，这正是协商民主的题中应有之义。举两个例子，如涨工资，在计划经济下涨工资由中央决策，别说企业，就是省市一级也没这个权力。现在企业有了工资自主权，但各地政府可以依法提高最低工资标准，工人满意了，可能企业主们特别是中小企业主们不满意，他们抱怨劳动力成本提高过快，经营困难，要求国家减税让利，这在计划经济时期是不可想象的。又如提高煤炭价格，可能煤炭企业很满意，但电力企业不满意，因为它的成本提高了。可见，在利益主体分化的条件下，做公共决策必须倾听不同利益主体的意见，不同利益群体之间也应建立程序化的协商机制，如劳资集体协商或各类行业协会的协商。改革开放以来的经济社会变化，为中国智库增强独立性提供了很大空间。”

### 2. 智库的多样性与独立性并行不悖

“有的学者说智库都要有独立性，不要受任何利益群体的左右，做到这点很难，因为现代智库是多元化的。现在有代表中央层次研究国家大政方针的智库，也有代表地方利益，代表行业利益，代表雇主利益，代表工会利益的智库。多样化的市场主体要求有各自的代言人，可以成立各类研究机构，形成不同层级的智库。多样性与独立性并行不悖，也可以说恰恰有了多样性才有了独立性，千人一面还有独立性吗？不能统一要求所有智库都只能代表全体人民的根本、长远利益，成为党中央和国务院的代言人，那反而把智库的独立性抹杀了。国外智库是不是都超脱利益之争？绝非如此。如美国‘城市’研究所和著名的‘开拓’研究所，这两个研究机构对美国的公共政策评价大相径庭，开出的药方也南辕北辙。‘城市’研究所认为美国政府在社会保障，尤其是医疗保障方面没有承担应有的责任。‘开拓’研究所的研究人员认为美国政府应当把社会保障的责任消减至零。‘城市’研究所认为‘开拓’研究所更多地代表了金融界的利益。”

“可见，独立性和多样性是并存的，不能因为强调独立性就要求所有智库都超脱不同利益群体，实行统一的标准。社会不同利益群体，可以通过自设研究机构，也可以通过公共研究机构发表自己的声音，关键在于这个声音能否真正代表他们自身的利益，这样民主协商机制才得以真正建立。如果所有智库都服从一个指挥棒发声，那必然‘上有好者，下必有甚焉者矣’，我们的对话机制就是扭曲的，是政府与回音壁的对话。这种情况过去不是经常发生吗？”

### 3. 智库的财务独立与思想独立

“有学者说智库的财务独立和思想独立可以分开，不一定拿了谁的钱就替谁说话。这个问题很有深意。十八届三中全会明确提出实行政社分开，政事分开。将来大量的研究机构，除了政府直接举办的研究院所，其他绝大多数智库都应适用这一原则。政府提倡购买公共服务，大量的公共政策前期研究和中期、后期评估都可以委托智库或中介机构，政府自己不要养机构，养人。当然，政府办少量的研究机构还是必要的，美欧等国政府部门也有自己的研究机构。为了增强独立性，更应该注重培育民间智库，而购买服务将使智库的独立性得到提高，因为智库与政府是平等的交易契约关系，你出钱，我出思想，相对平等，是很好的方式。”

“那么政府出钱办的智库应该有思想独立性吗？也应该有相对的独立性。欧阳修在《上范司谏书》中有一段话：‘谏官虽卑，与宰相等。天子曰不可，宰相曰可；天子曰然，宰相曰不然。坐乎庙堂之上与天子相可否者，宰相也。天子曰是，谏官曰非；天子曰必行，谏官曰必不可行。立殿陛之前与天子争是非者，谏官也。’可是谏官的俸禄是皇帝给的，财务不独立，他怎么敢与皇帝论是非？这是封建王朝从长远执政考虑，专门设立的官职，也可以说是监督天子的制度。对这个问题再深想一下，中国两千多年的封建社会是政教分离的，这才有了千人之诺诺,不如一士之谔谔的‘文死谏’空间。如果天子就是最伟大的理论权威，最高尚的道德模范，谏官如何与其争是非？如果还是‘文革’期间报刊上天天宣传的那样，最高领导人讲话句句是真理，一句顶一万句，出一策必盈廷称颂，发一令而四海讴歌，理解的要执行，不理解的也要执行，谁能与其论是非？谁敢与其争是非？总结历史经验，我们党和政府要从长远执政的战略出发，即使是自己出钱办的智库，也要让它能够发表相对独立的声音，让它真正收集反映社会不同群体的民意，提出自己的见解。最可怕的是搞个人崇拜，以一个人的思想抹杀13亿人的思想，那智库就没有多少存在的必要了。”

### 4. 提高智库的独立性需要智库自身的努力

“长期以来我们都是围着一个指挥棒转，现在多元化社会阶层已经形成了，但是上层建筑转变慢于经济基础转变，智库自身的行为还没有得到相应扭转。许多智库仍然一窝蜂地研究同一个问题，有的时候与其说是研究，不如说是宣讲，与其说是宣传，不如说是热捧。当前领导关注某个问题了，社会舆论关注某个问题了，绝大多数智库就热热闹闹地研究某个问题。就业问题严重的时候它是就业专家，金融问题严重的时候它是金融专家，贸易问题严重的时候它是国际问题专家，养老问题突出它又成了社会保障专家。一个智库不可能面面俱到，对某个方面问题深入研究，全面了解国际经验教训，真实把握中国实际情况，提出有理论根据，有实践案例，有翔实数据，有可操作性的政策建议殊为不易，怎么能够隔三岔五地就把中国所有的问题都研究透了？当前一些智库浮躁的原因之一，其实恰恰是缺少自身的独立定位。”

“智库努力增强自己的独立性，绝不意味着可以恣意妄为，一定要在宪法和相关法律框架范围内活动。部门和部门之间，群体和群体之间，当前和长远之间是有矛盾的，这些矛盾应该也可以在国家法律框架下加以协商解决。如果片面强调自己智库的独立性，将部门利益、部分群体利益、眼前利益置于整体利益、长远利益之上，甚至天马行空触犯法律，该取缔的还是要取缔。”

# 叁

# 代表性论文

## 第一篇

# 企业改革两种思路的理论比较

（原载于《改革》1989年第1期）

以何种思路指导我国的企业改革，对企业的发展方向起决定性作用。党的十二届三中全会“关于经济体制改革的决定”提出以所有权和经营权的分离（以下简称“两权分离”）指导全民所有制企业改革以来，我国的全民所有制企业改革大体上是在“两权分离”理论的指导下进行的。1988年8月1日起实施的《中华人民共和国全民所有制工业企业法》仍以“两权分离”理论作为其“灵魂”。应当承认，城市改革的初期，以“放权让利”为特征的“两权分离”措施确实使企业在一定程度上有了经营自主权，增强了活力。但改革的深入也使人们逐步认识到“两权分离”的理论局限和实践弊端。“两权分离”理论的根本局限是它笼统地讲全民所有制企业的所有权归国家，回避了企业和国家之间的产权关系，这不仅难以说清承包、租赁经营的实质，更无法阐明企业兼并（产权转让）以及股份制等问题。“两权分离”实践的主要弊端是它难以划清所有权和经营权的界限，这不仅给政府干预企业经营活动留下了余地，也为企业经营不善时向政府推脱责任，负盈不负亏提供了借口。为了解决这些问题，理论界一些同志提出了股份制、企业所有制、企业法人所有制等企业经营形式。对这些经营形式尽管在理论上还有这样那样的争议，但它们都突破了“两权分离”的框架，赋予企业不同程度的所有权。现在的问题是股份制、企业所有制、企业法人所有制等具体的企业经营形式并不能提供一条清晰的理论思路来取代（或者发展）“两权分离”理论思路。我认为，以法律所有权和职能所有权的分离（以下简称“两种所有权分离”）为基本理论思路来指导全民所有制企业的进一步改革，在理论上是可行的。本文拟就厂长身份、职工地位、自有资金、短期行为、产权转让以及企业破产等问题对“两权分离”理论和“两种所有权分离”理论加以较全面的比较，进一步说明以“两种所有权分离”理论指导全民所有制企业改革更有利于社会主义商品经济的发展。



## 一 资本法律所有权与职能所有权的分离

在商品经济中，商品作为价值形态和实物形态的双重存在，其自身是可以分离的。商品的这一内在特性，为其自身在商品经济的发展过程中发生分离，并为不同的所有者拥有，不同的所有者又相互作用、相互渗透，从而为产生纷纭复杂的商品经济现象开辟了道路。在资本主义社会，工业化初期，资本家曾集所有权、经营权于一身。随着工业化进程中协作和分工的发展，不仅所有权和经营权可分离，就是所有权自身也出现了分离。“资本家分为货币资本家和产业资本家”“所有权分为自有资本的所有权和借入资本的所有权”，货币资本家是生产资料的法律所有者，产业资本家是生产资料的职能所有者，或者叫“经济上的资本所有者”。发生这种分离的原因就在于资本作为一种特殊的商品，其价值形态可以为货币资本家所有，其实物形态可以为产业资本家所有。

在“两种所有权分离”的情况下，资本有着特殊的运动形态。马克思指出：“货币资本家和生产资本家实际上相互对立，不仅在法律上有不同的身份，而且在再生产过程中起着完全不同的作用，或者说，在他们手中，同一资本实际上拥有双重的完全不同的运动。一个只是把资本贷出去，另一个则把资本用在生产上。”在“两种所有权分离”的情况下，资本的特殊运动形态可以表述为：

$$G_{贷}----\boxed{G_{产}--W--G_{产}'}----G_{贷}'$$

以上表述，网格内的部分表示资本的实物生产运动，网格外的部分表示资本的价值借贷运动。其中$G_{贷}'$是产业资本家付给货币资本家的利息。这里有几点应当强调指出：

第一，“两种所有权分离”发生在企业的生产过程之外。货币资本家在贷出资本以后，无权干涉企业的具体生产过程。产业资本家在付足利息以后，合法拥有剩余利润。这种“两种所有权分离”内涵明确、界限清晰。

第二，“两种所有权分离”为资本的复杂运动提供了可能性。从资本的运动形式看：它可以表现为单纯的法律所有权和职能所有权分离，即产业资本家完全靠借贷资本经营；

它更多地表现为复合的法律所有权和职能所有权分离，即资本家用借贷资本和自有资本混合经营；它可以表现为实物形态的积聚和价值形态的离散，如一个企业接受多个货币资本家的贷款；它也可以表现为价值形态的积聚和实物形态的离散，如一个金融财团向多个企业投资。

第三，“两种所有权分离”和“两权分离”可以并行不悖。前者发生在企业的生产过程之外，同资本的现实运动本身无关；后者发生在企业的生产过程之中，同资本的现实运动本身密切相关。经营权，严格说就是一种“指挥劳动”“管理劳动”，它是所有权派生出来的。在法律所有权和职能所有权分离的情况下，经营权可以进一步和职能所有权分离。当“两种所有权分离”和“两权分离”在一个企业中并行时，就呈现出三个层次：

资本的价值形态所有者——货币资本家或股东；

资本的实物形态所有者——产业资本家或法人企业；

资本的现实运动指挥者——经理或董事长。

值得注意的是，就企业整体而言，后两个层次是统一于资本的现实运动之中的。

## 二 国有资产法律所有权与职能所有权的分离

经济体制改革以前，我们把企业看作单纯的产品生产单位，生产资料的价值形态所有权、实物形态所有权和经营权都集中在政府手中。经济体制改革以后，我们认识到所有权和经营权可分离，不断扩大企业的经营自主权，但在一个时期内对所有权却采取了回避的态度，没有充分认识到在社会主义商品经济条件下，全民所有生产资料作为商品，也是价值形态和实物形态的双重存在，也可以分离，而是笼统地说所有权归国家，经营权归企业，强化国家所有权，强化企业经营权。这一方面造成国家在弱化所有权时，可能有损生产资料价值形态所有者的权益；另一方面使企业不能明确得到应有的实物形态所有权，其经营权也难以强化。显然，要进一步深化企业改革，完善企业经营机制，只在经营权上做文章是不够的，必须研究所有制的改革。

全民所有制改革的方向，一是适当减少现阶段全民所有制生产资料的比重，一是明确国家和国有企业的产权关系。前一个问题比较容易解决，可以通过向个人或集体出售、拍卖部分小型国有企业达到；后一个问题要复杂得多，但它是所有制改革的关键。

一种观点认为，把全民所有制企业改造为股份制企业可以明确企业的财产关系，使企业真正摆脱行政机构附属地位。但股份制不是明确产权关系的前提，相反，它是以产权关系明确为前提。股份制是在私有制产权关系十分明确的基础上成长起来的，它的作用不是确定产权，而是把大量分散的价值形态资本积聚成统一运转的实物形态资本，从而增强企业竞争能力，分散企业经营风险。股份制的这一特点我们完全可用，但要求股份制起到明确国家和企业之间产权关系的作用，似乎勉为其难。

还有人提出，建立企业所有制可以解决国家和国有企业之间的产权关系。按照这一观点，企业将拥有自己独立的、完整的财产，这实际是把全民所有制企业转变为类似集体所有制的企业。如果新建一个企业，照此办理也许是可行的。然而现在的问题是如何解决原有的全民所有制企业和国家的产权关系，不能设想无偿地把国家资产转让给企业，那么现有的全民所有制企业通过什么途径形成自己独立的资产呢？在“两权分离”的思路指导下，企业是没有所有权的。

如果说，股份制、企业法人所有制以及企业所有制（这里不具体评论它们的作用）本身产权明确的话，那么它们也只能作为所有制改革的几个可能的终点，而很难作为起点。起点在哪里？既然私人资本通过法律所有权和职能所有权的分离创造了新的企业产权关系形式，并在此基础上形成了复杂的资本运动形态（包括各种股份制、企业法人所有制等），适应了商品经济发展的需要，那么能否设想全民所有制生产资料也通过法律所有权和职能所有权的分离来明确国家和企业之间的产权关系，并在此基础上形成适应社会主义商品经济发展的多种运动形态呢？从理论上说是完全可以的。

作为第一步，全民所有制生产资料的“两种所有权分离”是单纯的。其具体运动形态可以描述为：

$$G_{国}----\boxed{G_{企}--W--G_{企}'}----G_{国}'$$

以上描述，网格内表示全民所有制生产资料的实物运动，网格外表示同一生产资料的价值运动。两种不同运动的衔接应当通过法律形式加以确定。事实上，以合同形式确定下来的承包、租赁经营责任制已经包含着“两种所有权分离”的萌芽。但如果仍以“两权分离”指导承包、租赁，企业和上级部门就会围绕着经营权以及与经营权密不可分的各项生产指标打转，企业改革就有可能走回头路。如果以“两种所有权分离”指导承包或租赁，就会引导企业由承包、租赁完成某些指标逐步过渡到承包、租赁国有资产，并明确承包、租赁企业与国家的产权关系：税收是国家作为宏观经济管理者所征收的收入；利息是国家作为全民所有生产资料的价值形态所有者（表现为法律所有者）的收益；利润是企业作为全民所有生产资料实物形态所有者(表现为职能所有者)的收益。与此相适应，国家应当把管理全民所有资产的职能和调控宏观经济的职能明确分离开，改变目前这两种职能交织并分散在各级政府机构之中，国有企业所有权模糊的现状。

第二步，在单纯的“两种所有权分离”的基础上，可以形成适应社会主义商品经济需要的各种“两种所有权分离”复合形式。具体说，使一部分承包、租赁企业和股份制、企业法人所有制等经营形式衔接起来。因为承包、租赁企业与国家的产权关系明确后，企业资产形成的股份（不管是向社会出售还是本企业持有）自然明确，股份制等就能确立。

无论全民所有生产资料的价值形态和实物形态分离后各自如何独立运动或相互组合、相互作用，从国家的角度说，是价值形态的积聚和实物形态的离散，并能保证其总体价值增值，从企业角度说，则是实物形态的积聚和价值形态的离散，且企业作为一个独立的经济实体，还可以从集体、个人以及私人资本、外国资本等方面筹集资金，把不同性质生产资料的价值形态转化为由企业统一经营的实物形态，并保证其国有资产增值。

应当强调的是，从理论上说，全民所有生产资料的“两种所有权分离”也是发生在生产过程之外，因而生产经营的全过程都由企业负责。这将从根本上解决政企不分的问题。至于实行“两种所有权分离”后，企业在生产过程中是否再实行“两权分离”，则取决于企业经营的具体形式。这对国家来说不是最重要的。国家要确保的是它作为全民所有生产资料价值形态所有者的收益，即$G_{国}'$。同时，$G_{国}'$也成为国有资产的利润冲动，而能否把准投资方向，选好全民所有生产资料的实物形态所有者，就成了国有资产的市场风险。



## 三 关于厂长身份等几个问题的理论比较

### 1. 厂长身份

厂长身份集中反映了企业和国家的关系，搞清楚这个问题是很有意义的。经济体制改革前，厂长作为国家委派到企业的行政负责人，行使国家赋予他的权限，只代表国家是没有异义的。实行所有权和经营权的分离后，企业有了一定的自主权。企业有了自己相对独立的经济利益，就提出了谁代表企业利益的问题，而国家赋予企业的经营管理权，也使厂长在一定程度上能够代表企业。但严格说，经营权是所有权派生出来的，经营者又应当代表所有者。事实上，按照“两权分离”的思路，由于经营权和所有权界限不清，国家仍然保留着相当一部分企业经营权，当国家行政机构或行政性公司以所有者的身份对企业进行行政干预时，厂长是无力抵制的。在这种情况下，厂长既代表国家又代表企业的“双重身份”论就占了上风。

实行“两种所有权分离”，全民所有生产资料的实物所有权和经营权在企业内部得到统一，厂长身份就是单一的，只能代表财产的职能所有者——企业，而不能代表财产的法律所有者——国家。而明确厂长代表企业的单一身份，将有利于厂长从行政官员彻底转变为经营者，在社会主义商品经济的风浪中成长出一大批精明强干的企业家。

### 2. 经营权的归属和企业职工的地位

实行“两权分离”，经营权归谁？严格说，经营权就是生产资料现实运动的指挥权。它体现为管理劳动或指挥劳动。马克思在谈到社会化大生产时曾形象地比喻说，一个乐队只能有一个指挥。只要还搞社会化大生产，只要还存在复杂的分工协作，这一点就不会过时。因此，经营权只能属于厂长、经理或董事长。

可是，在“两权分离”的情况下，所有权是国家的，如果经营权只交给厂长，职工有什么权？只剩下参与民主管理之权。而职工参加管理在今日资本主义企业中也是风行的，它并不能体现社会主义企业中职工当家做主的优越性。

以“两种所有权分离”指导企业改革，大中型企业则有三个层次：

全民所有生产资料法律所有者——国有资产管理机构；

全民所有生产资料职能所有者——职工代表大会（单一分离形式）、董事会（复合分离形式）；

全民所有生产资料经营指挥者——厂长、经理。

这和“企业本位论、职工主体论”相吻合。在“两种所有权分离”的企业中，职代会或董事会对企业的长远战略规划和关系全体职工切身利益的重大问题有决策权，日常经营管理、生产指挥由厂长、经理负责。经营权的归属和企业职工的地位都比较明确。

从“两种所有权分离”的思路出发，对个人承包、租赁企业要持慎重态度。这类企业的生产资料职能所有权在法律程序上是交给经营者个人的，这和职工是生产资料的主人有矛盾。此外，经营者同企业内党、工会的关系也难以摆正。如果分配方式不合理，这类企业的经济性质有可能发展成为私人的。关于这一点，还需要进一步调查研究。

### 3. 自有资金的归属和企业短期行为

实行“两权分离”后，全民所有制企业资金分解，自有资金的归属问题成为企业内部一切矛盾的焦点。我认为，资金分账表现了“两权分离”的成果，分账后自有资金最终归国家所有则暴露了“两权分离”的局限。因为按照“两权分离”理论，企业没有所有权，也无法说明企业通过怎样的途径能够拥有一定的所有权。而在实际上，自有资金一出现，尽管在法律形式上和国有资金一样最终归国家，但在企业看来它们是泾渭分明的。结果诱发了这样的问题：当自有资金处在货币形态时，它名义上是国家的，企业却有可能通过某种途径（办集体福利，发奖金、实物等）把它转化为企业的、职工的；一旦自有资金转化为生产资料（盖厂房、购机器等），它在名义上和实际上就都是国家的了。显然，在企业留利$M$一定的情况下，用于职工福利奖金的部分$V$越多，用于扩大再生产的部分$C$就越少。实行“两权分离”后，企业有了经营权，在相当大的程度上可以处置$M$，却对$C$没有所有权，企业经营者和职工牺牲$C$追求$V$的行为就有了一定的必然性和可能性。近年来企业中出现的短期行为实际是这样一种机制的顽强表现。可以说，自有资金问题不解决，短期行为问题就得不到解决。而自有资金的归属在“两权分离”思路的框架内又很难得以突破。

以“两种所有权分离”思路指导企业改革，企业的收入将明确分割为三块：税收、利息和利润。其中利润是企业作为全民所有生产资料职能所有者的合法收入，理所当然归企业所有。这同产业资本家在付足税利后，完全拥有剩余利润是一样的道理。企业用自己的利润投资扩大再生产，形成新的生产资料，其法律所有权和职能所有权都归企业所有，使用这些新的生产资料而形成的收入，交税后，完全归企业。这样，从法律所有权看，随着生产规模的扩大，原来单一的全民所有制企业就会逐步演变为国家和企业集体共同所有的混合公有制经济组织，即由单纯的“两种所有权分离”演变为复合的“两种所有权分离”。这和社会主义商品经济的发展是没有矛盾的。因此，实行“两种所有权分离”，企业不仅拥有全民所有生产资料的实物所有权，而且在经营过程中必然形成自己独立的、完整的所有权，同时在“两种所有权分离”的情况下，国家不再干涉企业的经营活动，企业亏损了就难以推卸责任。这样，企业既有使自己资产增值的内在动力，又不得不考虑以自己的资产负亏，全民所有制企业“预算约束软化”问题可以得到较好的解决，企业短期行为的内在机制也不存在了。

4. 产权转让和企业破产

我国的产权转让是在理论准备不充分的情况下，由企业改革的实践呼唤出来的。产权转让的实践已经取得了明显成效，但产权转让的理论却遇到了难点。有的学者指出，根本问题在于国有企业的生产资料所有权都是国家的，这些企业相互兼并后，所有权并没有转移，国家仍可行政调拨。如何解释产权转让?

其实，这一理论难点正反映了“两权分离”思路的局限。换句话说，就是产权转让的实践已经突破了国家拥有所有权，企业只有经营权的“两权分离”理论。如果实行“两种所有权分离”，全民所有制企业之间产权转让的理论难点就可基本得到解决。一是企业有了生产资料实物形态所有权，可以在职能所有权方面进行转让，如同产业资本家可以转让其职能资本；二是企业将拥有自己完整、独立的资产，这一部分生产资料的实物形态和价值形态都可以转让。

关于全民所有制企业的破产问题，局限在“两权分离”思路中也有不顺之处。《中华人民共和国企业破产法》第二十八条规定，破产财产的范围包括破产企业经营管理的全部财产。在全民所有制企业没有所有权的情况下，其破产财产就是国家的财产。这样，企业虽然受到了破产的“核威慑”，但最终还是由国家承担财产责任。东欧一些国家实行破产法多年，根本问题仍未得到解决，说明企业和国家的产权关系不清，破产法的威慑力量就不大，如果实行“两种所有权分离”，企业经营不善，资不抵债时就有产可破，这和产业资本家无论用自有资本还是用借入资本经营都可能破产是一样的道理。当然，企业破产的实际操作还有许多困难，如建立健全社会保障制度等。这里需要说明的是，公用企业和与国计民生有重大关系的企业不实行“两种所有权分离”，仍由国家经营。破产法自然也就不适用于这类企业。

通过以上分析，可以看出企业自有资金归属是关键。这一问题解决了，短期行为、产权转让等问题可迎刃而解。

## 第二篇

# 劳动力市场的国际比较

（原文在劳动部1992年理论研讨会上发表，《经济日报》1993年3月10日、12日连载）

我国目前正处在新一轮经济体制改革浪潮之中，改革的方向是建立社会主义市场经济，中心环节是搞活国有企业。总结前一轮改革的经验，可以看出，在建立和完善市场体系中，提出最晚、争论最大的是劳动力市场，到目前为止，连究竟是叫劳动力市场还是叫劳务市场、劳动市场、人才市场、职业市场等都还在争论之中；在搞活国有企业的各项改革中，最难突破、反复最多的是劳动工资问题，企业改革一开始就提出奖勤罚懒，打破平均主义，但从全国来看，平均主义虽几经波折，但根基仍未动摇，用工制度方面的改革也步履维艰。事实说明，企业内部的劳动制度改革是受社会劳动力市场制约的。改革进展到目前，在劳动力市场不健全的情况下，企业内部的劳动制度改革很难再有根本性的突破。劳动力市场问题不仅制约了企业改革的进展，也是我国整个市场体系中的“短板”。在新的一轮改革中应当以建立和完善劳动力市场为主线，深化劳动就业、工资分配和社会保障制度改革。

发达资本主义国家搞市场经济几百年了，积累了大量经验和教训，我们要建立和完善社会主义市场体系，应当大胆学习借鉴资本主义那些有利于生产发展的办法、措施和理论。这一点，对于建立和完善我国的劳动力市场来说同样适用，同样重要。当然，劳动问题直接涉及工人的切身利益，进而关系到一些基本的政治经济理论问题，与一些技术性管理问题相比，例如质量管理、设备管理等，在学习西方经济方面要困难得多，完全照搬西方的理论和方法更是不行的。这就需要认真分析西方劳动力市场的特点和作用，并结合我国的实际情况加以比较，从中汲取有用的成分。本文仅围绕我国建立和发展劳动力市场所面临的几个重点问题加以比较研究。

## 一　劳动力市场的内涵与名称

### 1. 劳动力市场的内涵

劳动力市场是西方经济学研究劳动问题的核心。美国有的教科书说劳动经济学的主要任务是研究和劳动力市场有关的经济方面的问题。有的认为劳动经济学就是劳动力市场经济学。美国《现代劳动经济学》提出，劳动经济学是研究劳动力市场的活动和结果的学科。应当说明，西方经济学者对劳动力市场的内涵也有种种争论，例如有的认为劳动力市场是按照一定的劳动力价格实现劳动力供求关系的场所，但一般经济学中所论述的劳动力市场都是指广义的、抽象的、以市场机制来调节劳动力供求的经济关系。国际劳工组织在研究劳动力市场时，显然是从后一种定义出发的，把有关劳动力供求关系的所有问题都包容在劳动力市场之中。

随着整个市场经济的成熟，发达市场经济国家的劳动力市场，也从最初比较简单的主要涉及雇主与工人的个人劳动契约关系，逐步发展成涉及所有劳动力供求关系的较完整的体系。一般来说，就业关系劳动力市场的供求问题、工资关系劳动力市场的价格问题、社会保障关系劳动力市场的稳定问题、劳动法关系劳动力市场的规则问题、职业培训关系劳动力市场供求双方的素质问题、职业安全卫生关系劳动力市场运行的安全问题，还有对特殊群体劳动者的保护等，都是劳动力市场运行中不可缺少的方面。当然，这些问题都可以专门加以研究。但以劳动力市场为主线，这些问题就都有机地联系在一起了，相互配套就是必然的、自然的。如果撇开劳动力市场，从集权计划经济的角度来看待这些问题，它们就成为被各个行政部门分割的闭环系统，其内在的经济联系往往被行政部门的不同职能和权限所割裂，相互配套成为更上一级行政部门的负担。

对我国劳动力市场（目前称为“劳务市场”）的内涵至今仍存在不同的理解。劳动体制改革初期，实际工作者和相当一部分理论工作者都把劳务市场作为企业与职工相互实现直接选择的场所来看待和论述，一提到劳务市场就说我国有多少各类职业介绍机构。现在我们认识到劳务市场不是仅指具体的职业介绍机构或场所，而且是一种调节劳动力供求的市场机制。但在研究这一问题时，往往还局限于主要把建立劳务市场作为就业工作的一项内容。就劳动部门的工作来说，我认为社会主义市场经济的发展要求我们进一步确立以劳动力市场为主线的改革观，以此推动整体的劳动体制改革。劳动就业、工资分配、社会保险这三项改革要围绕劳动力市场的建立和完善深入开展。其他有关的劳动工作，如培训、职业安全、劳动立法等也都可以而且应当在建立和完善劳动力市场当中找到自己应有的地位和改革的目标。

### 2. 劳动力市场的名称

明确了劳动力市场的内涵，对当前关于这一生产要素市场的许多提法就可以比较容易地做出判断。这里，我们仍从西方经济学中关于这一生产要素市场的名称说起。西方经济学也有职业介绍所、职业介绍机构等名称。但在谈到这一生产要素市场时，通行的提法只有一个，即labour market。因为labour一词本身有劳动、劳动力、劳动者多种含义，而且在西方经济学中，对劳动与劳动力的区别也远没有马克思经济学那样严格（马克思早期也没有严格区分劳动力与劳动），这就使得现在对labour market的翻译很不一致。有的译为劳动力市场，有的译为劳动市场，也有的迁就国内提法而翻译为劳务市场。我认为自马克思把劳动力与劳动的内涵区分开之后，在劳动问题的研究方面已经形成了一整套逻辑关系十分严密的基本概念，马克思经济学在新的条件下要发展，一些提法需要更新，但关于劳动和劳动力的基本概念还适用。把labour market翻译过来，最好按照马克思经济理论关于劳动力、劳动的定义来确定相应的中文名词。

（1）劳动市场的提法是不准确的。因为劳动是人们支出自身劳动能力的活动，只有在生产工作过程中才能实现，按马克思的说法是无法在市场上进行交换的。

（2）劳务市场的提法也不准确。“劳务”一词在英文中是service，无论在西方经济学还是在马克思经济学中，劳务的原意都是指向消费者或其他需求者直接提供活劳动服务。这种服务一般都需要一定的劳动条件。因此，劳务价格不仅包括劳动者付出劳动的报酬，还包括服务过程中使用工具、场地的折旧费和所耗能源的费用。劳务是一种可以直接被消费的商品。严格说，劳务市场不是一种生产要素市场，而是一种消费品市场。

（3）劳工市场的提法也不对。劳工和劳动者是同义词，指工人自身，在资本主义社会劳动者不能像在奴隶社会那样由奴隶主自由买卖。劳工自身不存在市场交换的问题。这里顺便提一句，国际劳工组织《费城宣言》中的“Labour is not commodity”这句话，一般译为“劳动力不是商品”，也有译成“劳动不是商品”的。我认为译为“劳工不是商品”更恰当，因为劳工组织章程接下来讲的就是结社自由等问题，而劳动力或劳动不存在结社问题。

我认为，准确的提法应当是劳动力市场。因为真正在市场上进行交换的是劳动力，即在市场上已经存在的人的体力、智力。交换后，在劳动过程中劳动者的劳动能力就由劳动力需求方、雇主或经营者支配，雇佣期间发生了劳动力支配权的转移，因而构成了一种市场交换。

因此，西方经济学中的labour market应当理解和翻译成劳动力市场，而不是劳动市场、劳务市场或劳工市场，更不是人才市场、职业市场等。我国实行市场经济，劳动力作为主要的生产要素之一，也要投入市场，发挥市场配置劳动力资源的积极作用。从理论上讲，这样一种生产要素市场也应当称为劳动力市场，若仍然叫劳务市场，则不利于社会主义市场体系的形成和完善。例如劳务价格的含义就说不清，不知道它究竟指的是企业与职工在聘用合同中所达成的工资还是指各种劳务承包的价格。

## 二 劳动力市场的共性与个性

### 1. 劳动力市场与其他生产要素市场的共性

劳动力市场与其他生产要素市场有着明显的共性：都有需求方、供给方；在生产要素的所有权或支配权发生转移时，都有需求方向供给方支付费用的问题；费用大小要受供求关系的影响；在发生供求关系时，供求双方的利益主体必须明确。

关于劳动力供求双方利益主体明确的问题很重要。对于集资产所有权和经营权于一身的雇主和只有劳动力没有资产的工人来说，在发生劳动力供求关系时，利益主体当然是明确的。但这种传统的劳资关系现在变得复杂了。作为劳动力的需求方，企业资产的所有者与经营者可以分离，资产的价值形态所有者和实物形态所有者可以分离，其中价值形态的所有者在股份公司中又呈现多元化、分散化的状态，例如美国通用汽车公司的股东多达200万人。而作为劳动力的供给方，许多职工现在也并非毫无资产权利，不少人拥有其他公司的股票，也有的公司内职员可以拥有本公司的部分股份。这样一来，利益主体似乎有些交叉的地方。但这种交叉只是发生在劳动成果的最后分割上，即持股职工除了工资之外还要分到股息。而在劳动力的使用方面，无论企业的产权结构如何，都仍然存在着劳动者把自身拥有的劳动力交付给企业经营者支配的过程，在这一过程中劳动力数量、质量的供求状况和劳动报酬仍然受到供求关系的影响，各种劳动条件仍然需要由企业经营者和劳动者双方通过谈判达成契约。这些并不因为职工持股而有多大变化，且职工的劳动收入和股息收入也是界限分明的，决不混淆。因此，西方经济学者认为就劳动力供求关系来说，利益主体还是明确的。为了回避企业产权关系多样化对劳动力市场的复杂影响，现在西方经济学者常用劳动管理关系（labour management relation）来描述劳动力的供求关系，即以经营者代表企业与劳动者对话。其中关键问题还在于无论企业的产权结构如何不同，它们都不会和国有资产混淆，国家不干涉企业的用人问题，企业是劳动力的需求主体，这就使企业的相互竞争在劳动力市场方面得到保证。

在我国，过去劳动力主要由国家统一按计划安置，劳动力的供给方和需求方集于国家一身，当然谈不上劳动力市场问题。改革以来，从劳动力的需求主体看，我国实行以公有制为主体多种经济成分共同发展，如个体经济、私营经济和三资企业近年发展很快，使劳动力的需求方多元化了。更重要的是，在国有企业的改革中，变国家用工主体为企业用工主体，使国有企业的劳动力的需求方也呈现多元化趋势，这为劳动力市场的建立提供了最基本的前提条件，改革方向是完全正确的。从劳动力的供给主体看，我们现在承认劳动力归个人所有，职工有选择工作的自由，理论上已经确立了职工作为劳动力供给的主体地位。这样，不论国有企业职工作为全民资产的所有者之一在最终利益分配上还有哪些所得，就他们在一个具体的企业中与企业经营者的关系来说，已经初步具备了建立劳动力市场的一般条件。

2. 劳动力市场的特性

各种生产要素市场都有自己的特性。例如金融市场是以价值形态存在，而不以实物形态存在，而房地产市场就不能脱离实物形态。劳动力市场也有许多特性，我认为与其他所有物的生产要素市场相比，根本不同点是劳动力永远附着在劳动者身上，而无论其支配权是否发生了暂时的转移。西方经济学者在分析这一问题时也指出劳动力市场是很特殊的。1991年5月我参加了国际劳工组织在日内瓦举办的世界劳动力市场和劳工政策研究班，在讨论劳动力市场的特点时，国际劳工局专家和与会者一致认为，因为劳动力不能脱离劳动者单独存在，所以在劳动力市场上劳动力的所有权并没有转移，是支配权发生了转移。劳动力市场严格说不是一种买卖市场（尽管人们习惯于说买卖劳动力，但这和其他商品的买卖是不同的），而是一种特殊的租让市场。美国的《现代劳动经济学》中也阐明了相同的观点。西方经济学者指出的许多劳动力市场的特点都是由此派生的，归纳起来主要有：

（1）对于其他生产要素市场来说，供求双方的关系一般只发生在市场交换过程中，不会延续到生产过程中。例如，机床或钢材购进之后怎样使用或加工完全由买方决定，与卖方毫无关系。但劳动力的需求方——经营者在取得劳动力的支配权后，仍然要通过劳动力的供给方——劳动者来使用其劳动力，因此在整个生产过程中都存在着劳动力供求双方的关系问题。因而劳动力供求双方的关系远比其他生产要素市场供求双方的关系复杂。

（2）对于其他生产要素来说，需求方一旦取得其所有权就可以任意处置，包括将其长期储存（例如资金）或报废（例如机床）。但劳动力不能像其他生产要素那样被储存或报废，劳动力在脱离生产过程时，仍然要维持其载体——劳动者的生计。例如工伤疾病津贴、失业津贴等。就是劳动者因年老丧失劳动能力了，也不能被报废了之，还要由雇主和工人共同负担养老金。

（3）劳动力供给方可以组织起来为提高劳动力的价格，以及改善生产过程中的劳动条件同劳动力需求方进行集体谈判。

鉴于劳动力市场的这些特性，西方学者认为劳动力市场的运行与其他生产要素市场不同，更与一般的商品市场不同。多数西方劳动经济学都没有展开论述劳动力是不是商品的理论问题。在我目前看到的西方经济学论著和论文中还没有找到一篇正面论述劳动力是商品的，更没有把劳动力是商品作为劳动力市场的前提。最多也只是说“为了某种原因，把劳动力视为一种商品，它的均衡价格和数量由供给和需求来决定，这是极其有用的”。在同国际劳工组织的一些专家学者谈到劳动力是不是商品时，他们都表示这是一个政治伦理问题，不是经济学问题。

鉴于劳动力市场的特殊性，特别是这一市场直接涉及广大选民的切身利益，发达市场经济国家的政府对劳动力市场的关注要比对其他市场的关注大得多。发达市场经济国家基本没有产业部门，但都有劳动部门和与劳动工作密不可分的社会保障部门。20世纪初，加拿大（于1900年）、法国（于1906年）、美国（于1913年）、英国（于1916年）、德国（于1918年）先后成立了劳动或劳工部，欧洲其他国家和日本在20世纪20年代或稍后几年里也相继成立了负责劳动事务的政府部门。根据1990年参加国际劳工大会的134国政府代表名单的统计：设立劳动或劳工部（其中有的名称为劳动、就业与培训部）的有57个；设立劳工和社会事务部或劳工和社会保障部的有57个；其余的设立人力资源开发或就业等部门，虽然没有劳动、劳工字样，但也是负责劳动方面工作的部门。

在我国建立和发展劳动力市场也要注意其特性。现在有些同志认为不确认劳动力是商品就不能给劳动力市场的建立和发展提供理论前提。我认为，与其陷入这种理论争论之中，不如深入研究劳动力市场的特性，从劳动力与其他生产要素的最佳配置、劳动力增量与存量的合理调整、劳动力供求双方的有效结合、劳动力流动与稳定的相对平衡、劳动力结构变动和产业结构变动的相互影响等方面来讨论劳动力市场问题。

在我国政府职能转变过程中，也应注意劳动力市场的特性，要看到劳动力供求关系的复杂性。不能一谈建立社会主义市场经济，就认为既然把劳动力配置交给市场了，劳动力市场和其他市场一样，就可以像压缩产业部门那样一刀切地压缩劳动行政职能部门。由于劳动力市场的特殊性，劳动工作和社会保障工作密不可分，可以考虑将劳动和社会保障工作统一管理。但不能用社会保障工作取代劳动工作。如果在政府机构改革中取消劳动部门，那么不利于在我国建立和完善劳动力市场。



## 三　劳动力市场的竞争性与稳定性

### 1. 劳动力市场的竞争性

只有充分发挥劳动力市场的竞争性，才能达到市场配置劳动力资源的高效率。而要充分发挥劳动力市场的竞争性，首先，要保证劳动力供求双方利益主体明确。在前面已经提到，这是所有生产要素市场都必须具备的前提。用我们的话来说，就是企业有用人自主权，职工有择业自主权，通过劳动力市场机制的作用实现双向选择，并通过劳动力市场进行不断调整，从而达到劳动力资源配置的高效率。

其次，职工收入，主要是工资要受劳动力市场上供求关系的影响。哪一类劳动者供过于求了，这类人的工资就会下降。高技术人才是稀缺的，企业为了争夺他们，就要出高工资，而普通劳动者众多，替代者多，企业不怕他们流动，工资相对要低些。工资还要受企业经营成果的制约，一般情况下，大企业经营较好，否则它发展不起来，所以大企业的职工工资较高。如在日本，以500人以上的企业平均工资为100，则100～499人的为86，30～99人的为84.5，5～29人的为75，1～4人的仅为65。企业破产了，职工失业，学历再高，能力再强，在没找到新的工作之前，也只能领取失业津贴。

这里应当强调指出，在发达市场经济国家，工人总体平均工资水平的增长主要不是受企业内部工资形式或工资制度制约的。例如，日本工人年年举行“春斗”要求提高工资水平，但并没有要求改变企业的工资制度。德国工人在1992年4月举行了大罢工，也说明德国企业界以岗位技能为标准的工资制度不能起到自动调节工人工资水平的作用。从宏观角度看，工资水平的增长和制约机制主要受到劳动力市场供求关系的影响和劳资双方对工资水平集体谈判的影响。在劳资双方集体谈判中，既有工会要求增长工资的一面，又有雇主制约工资增长的一面。重要的是，这种制约关系不因为企业内部实行了所有权和经营权的分离而有任何变化。不管企业是采用自有资本经营、借贷资本经营还是股份制经营，经营权都是企业所有权的代表，因而每个企业中都存在资产收益对劳动收益的制约。我们在借鉴西方国家工资制度时不能忽略这样的背景条件。

再有，形成统一的劳动力市场，对于增强劳动力市场的竞争性和提高劳动力资源的利用率是很重要的。西方经济学中也有劳动力市场的分类问题。例如，按地域分为全国性和地区性劳动力市场，按职业分为蓝领职工和白领职工劳动力市场，按劳动法规覆盖面分为正规部门和非正规部门劳动力市场，等等。还可以把大企业内的劳动力调配视为内部劳动力市场。但有一点必须明确，这些不同的劳动力市场是分类研究问题而绝不是行政分割问题。劳动力在国内各类市场中的流动基本上是自由的。但对国际劳动力流动各国都有一定的行政干预，以保护本国的利益。

对我国来说，发挥劳动力市场的竞争潜能目前还有许多局限性。关键是国有企业劳动力供求双方利益主体不是十分明确。这涉及国有企业的产权关系和工会的代表性问题。关于国有企业产权关系改革我曾提出过一些看法，这里不再赘述。关于工会的代表性在本文的第四部分再谈。这里重点说说国有企业工资制约机制和建立统一的劳动力市场问题。

关于国有企业工资制约机制问题，至今在理论上和实际上都没有得到很好解决。这一问题局限在分配制度或分配形式上做文章是不够的。我在1986年曾提出，马克思说的“两权分离”发生在企业内部，而我们的“两权分离”主要发生在企业与国家之间，国有企业只有经营权没有所有权，内部缺乏资产增值对劳动收益的制约，这是当时国有企业改革思路上的欠缺。科尔奈1990年写的《通向自由经济之路》一书总结了东欧一些国家从计划经济向市场经济转变过程中所面临的三个主要问题，第一个问题就是国家所有的企业在转向市场经济时必须赋予其经营权，但由于企业内部没有类似私营企业那样的雇主对工人的谈判机制，所以经营权在实际运用时就会偏向工资的增长。东欧各国的结论是走私有化道路，但他们至今还没有成功的经验。我国国有企业改革的思路也从“两权分离”逐步转向股份制，股份制实际是所有权自身价值形态和实物形态的分离。我们可以在这方面走出一条独特的社会主义市场经济道路来，从而建立国有企业工资制约机制。这里想补充说明一点，如果我国的劳动力市场比较健全，普通劳动者的替代压力就会增大，从而抑制企业内部职工工资增长的倾向。这又涉及建立统一的劳动力市场问题。就我国目前情况看，在建立统一的劳动力市场方面有两个问题需要重视。

一是处理好企业内部劳动力市场与社会劳动力市场的关系。西方劳动经济学中关于内部劳动力市场的提法丝毫没有把企业内部劳动力市场与社会劳动力市场分割的意思。政府或者任何方面都不能强制企业保留冗员。我国国有企业冗员现在主要由企业内部消化，限制了劳动力的合理流动，不利于劳动力的宏观配置。但我国劳动力市场的起步点同西方不同，我们不可能照搬西方的模式，只能在健全社会保障体系和完善整个市场体系的过程中逐步解决国有企业的冗员问题。这样，我国的企业内部劳动力市场与社会劳动力市场之间就不得不带有行政分割的烙印。我赞成把企业内部的劳动力市场作为我国整体劳动力市场的一个生长点，但它的发展方向应当同社会劳动力市场衔接，而不是与社会劳动力市场并行。因此，在保持社会稳定的前提下，政府的改革措施应有利于企业提高经济效益，而不是有利于企业在内部消化冗员。现在我们还不得不采取一些行政手段限制企业裁员，但理论上一定要明确劳动体制改革方向是建立统一的劳动力市场，为企业“消肿”，为国有企业同其他所有制企业的平等竞争提供条件。

二是二元经济结构对劳动力市场的制约。在旧的传统经济体制下，国家通过城乡劳动力隔离的户籍制度，把农民固定在土地上，政府对农产品实行统购统销，以不等价交换把农民的剩余劳动转化为工业利润。这种行政性的强制积累方式在新中国成立初期的特定历史时期，曾为迅速奠定工业化的基础起了积极作用，但却不利于解决原来就存在的二元经济结构。随着经济的进一步发展，城乡劳动力隔离的弊端越来越明显。这种方式排斥市场机制作用，生产要素，特别是劳动力不能在全社会流动，因而阻碍了农业劳动力向第二、第三产业转移，阻碍了产业结构的调整。用户籍制度隔离城乡劳动力虽然减少了农村剩余劳动力对城镇就业的压力，但同时也削减了农村剩余劳动力对城镇就业人员的替代压力，抑制了城镇劳动力成本的下降。改革后有五六百万农村劳动者通过劳动力市场服务机构在城镇安排了工作，但这远远没有形成城乡一体的劳动力市场。从政府对劳动力的管理范围看，劳动部门长期是城市全民企业劳动部，缺乏对全国劳动力的统筹考虑。由于历史已经形成的格局，想在短期内取消户籍制度，使农村劳动者自由进出城镇是不现实的。如果完全放弃行政控制，让他们自行进入城镇，必然造成城镇经济生活的混乱。可行的途径是加强政府劳动部门对全国劳动力的统筹宏观调控，在继续发展乡村企业，引导农村剩余劳动力就地转向非农产业的同时，健全并发挥劳动力市场服务机构的作用，逐步扩大城乡劳动力流动量，增加农村剩余劳动力对城镇劳动力的替代压力，随着中国从二元经济向现代经济的转变，最终形成城乡一体的劳动力市场。

### 2. 劳动力市场的稳定性

鉴于劳动力永远附着在劳动者身上这一特点，保持劳动力市场的稳定性不仅对经济正常运行具有重要意义，而且对社会政治稳定至关重要。发达市场经济国家的历史表明，市场在追求短期效率时可能出现极端行为，从而损害社会成员的长远利益。例如，在没有最低工资法的地方，雇主可能尽量压低工人工资，结果引发工人大规模的反抗；在没有禁止使用童工法的地方，未成年工可能大量进入劳动力市场，结果损害了下一代的健康成长。这方面发达市场经济国家经历了不少波折，积累了许多经验。19世纪初法国经济学家萨伊认为市场的自由竞争可以使劳动力供求关系自动保持平衡。20世纪新古典学派的代表人庇古又论证只要工人愿意接受与劳动边际生产率相一致的工资，劳动力市场就可以达到供求平衡，如果社会上有失业者，那仅仅是“自愿失业”或“摩擦性失业”。1929—1933年世界性经济危机给西方各国带来了空前的失业现象，整个资本主义世界的失业人数一度高达3500万人以上。这显然不是庇古或萨伊理论所能解释的。此后，凯恩斯的国家干预理论出台，并成为第二次世界大战后发达市场经济国家的“正统”理论。发达市场经济国家的政府不参与劳动力市场的直接竞争，但必须出面保证劳动力市场的稳定。政府的主要职责有：

（1）劳工立法与监察。现代市场经济是法制经济，对劳动力市场来说更是如此。发达市场经济国家劳动立法经过

100多年的发展，从无到有，逐步完善，形成了覆盖所有劳动领域的法律体系。例如美国的劳动立法涉及就业平等、最低工资、移民工人、失业保险、养老保险、职员福利、职业安全、矿山安全、学徒工与职工培训、公共就业服务、退伍军人就业以及联邦公职人员待遇等。特点主要是对劳动条件最低标准与职业安全最低标准立法，为劳动力市场运行制定规则。政府劳动部门在劳动立法方面起重要作用，并负责监察执行。

（2）社会保障。完善的社会保障体系是劳动力市场运行的“稳定器和安全网”。各国社会保障的范围不完全相同，有的宽一些，有的窄一些。1952年国际劳工组织大会通过的《社会保障最低标准公约》包括9项内容，即医疗津贴、疾病津贴、失业津贴、老龄津贴、工伤津贴、家庭津贴、生育津贴、残疾津贴和遗属津贴。社会保障体系不是企业或工人在竞争中可以自发建立起来的，必须由政府出面组织和协调。

（3）个人税收补贴。为调节市场分配机制带来的个人收入差距过大问题，发达市场经济国家采取征收遗产税、累进所得税等平抑高收入，同时对低收入者给予住房、儿童等各种补贴。如住房补贴，在英国，月收入50英镑的家庭可得到22.55英镑津贴，月收入200英镑的家庭则没有补贴。劳动部门通过劳工统计等工作为制定适当的税收政策提供依据。

（4）劳动力市场信息服务。政府可以提供劳动力市场宏观信息，以提高劳动力配置的效率，减少劳动力盲目流动。如在政府劳动部门设立就业服务机构，对私营职业介绍所进行指导，从企业收集职位空缺，登记求职人员的技能情况，利用计算机网络在地区乃至全国范围内为劳动力供求双方提供服务。美国、日本等都建立了计算机职业库，这可以大大减少劳动力流动过程中的滞留时间。

此外，发达市场经济国家的政府也可以对劳动力市场进行直接的行政干预，如美国政府1971年曾全面冻结工资90天。不过这种情况极少发生，只在必要时采取。

从劳动力市场的竞争性与稳定性方面分析我国劳动就业、工资分配、社会保险“三大制度”改革方向，可以得出这样的结论：劳动力的使用权和工资分配权应当分散，只有分散到各个企业，才能在微观上保证企业和职工的自主地位，激发企业和职工的竞争活力；而社会保险的决策权应当集中，只有集中到国家或社会，才能在宏观上保障劳动力市场的稳定运行，给企业提供良好的外部环境。这是社会化大生产对劳动力市场运转的客观要求。我国在一段时期内恰恰相反，劳动力的使用权和工资分配权集中在国家手中，社会保险的职能却分散到各个企业，这是我国国有企业不能适应市场竞争的一个重要原因。应注意工资分配、劳动就业这两个方面的改革方向与社会保险的改革方向不同。政企分开之后，前二者改革的方向是需要分散决策，以利于企业和职工成为市场竞争者；后者的改革方向是社会化，从一定意义上说是集中决策，以利于为市场提供一个较稳定的运行环境。

从劳动力市场的竞争性和稳定性方面分析我国政府职能转变，可以得出这样的结论：要以市场为基础配置劳动力资源，政府就应从改革过程中必然出现的以计划与市场“板块结合”配置劳动力的角度，进一步转向从充分发挥市场竞争机制，同时维护市场稳定的角度考虑职能转变问题。政府的责任不是管哪些企业或哪一部分劳动力资源，而是提供一个使劳动力市场得以公平、公开、公正运行的制度框架。在这方面，发达市场经济国家劳动部门所起的作用值得我们借鉴。

## 四 劳动力市场的个人行为与组织行为

个人行为指个别工人和个别雇主之间的雇佣契约关系。西方劳动力市场上的日常供求行为主要表现为个人行为，即所谓的“自由选择的就业”。在工业化初期，劳动力市场上基本都是个人行为。因为雇主拥有生产资料，工人又为谋职相互竞争，雇主压低工资及其他劳动待遇，工人处于不利地位。

组织行为指工会和雇主组织之间在劳动力市场上通过集体谈判确定劳动条件的行为。现在发达市场经济国家劳动力市场上劳动条件的确定基本上都是组织行为。不仅一个企业或行业的劳动工资、福利保险待遇由集体谈判确定，就是国家的有关劳工立法也要通过政府和最有代表性的工会组织、雇主组织进行协商。劳动条件确定后，具体的雇佣契约仍然基本上是个人行为。但这种个人行为已经受到了集体行为的制约。从劳动力的供给方看，工会有组织的行为抑制了单个工人相互之间的竞争，通过限制劳动力供给，如缩短工时、限制童工和外籍工人的使用、带薪休假等，达到提高劳动报酬和劳动条件的目的；从劳动力的需求方看，雇主组织的集体行为也抑制了个别资本家过分压低工资追求超额利润的动机，同时又为平均工资的增长制定了一条集体防御线。

劳动力市场上的组织行为很重要。国际劳工大会1949年通过的《组织和集体谈判权利的原则应用公约》提出："最广泛地发展与使用集体协议的自愿谈判程序，以便通过这种方式确定就业条款和条件。"到1991年已经有114个国家批准了这一公约。可见，由劳资集体协议规范劳动力供求双方的行为已经成为市场经济国家通行的准则。不仅劳动条件要通过集体谈判达成，就是发生劳动争议了，绝大多数也由劳资双方按集体谈判所定条款自行调解解决。少数调解无效的，需要仲裁时，也是由双方认可的第三者参与做出。仲裁者一般是律师、社会知名人士或劳动经济学者。政府劳动部门可以推荐仲裁人，但并非一定要由政府劳动部门推荐的人担任仲裁员。因为劳动力供求双方的关系一直延续到企业内部的生产过程中，劳动争议往往发生在企业内部（其他生产要素市场上供求双方的争议一般不可能发生在企业内部），政府不便于干预，所以日常大量的劳动关系问题不是由政府而是由劳动力市场上的组织行为来规范。从另一个角度看，政府摆脱了日常的劳资纠纷，才能集中力量解决宏观问题，同时还避免了和工人直接对抗，有利于政府的稳定。

我国在建立劳动力市场方面已经赋予了企业用人自主权和职工择业自主权，但我们还没有认真考虑劳动力市场供求双方的组织行为问题。其实，这个问题对于建立劳动力市场从而完善整个市场体系来说，比争论劳动力是不是商品要重要得多。对于劳动力是否为商品的问题，理论界可以长期争论下去，而劳动力供求双方的组织行为不确立，劳动力市场就难以有序运行。过去在集权计划体制下劳动关系的处理是由政府一竿子插到底，一直管到生产班组。现在政府要从劳动力市场的竞争方面脱离出来，大量的劳动关系问题如何处理？哪一个组织能够代表劳动力需求方（企业界）的利益同工会谈判？现在的工会组织如不转变职能能否成为利益主体明确的劳动力供给方代表？如果我们要求工会上保国家利益、中保企业利益、下保职工利益，那么在劳动力市场上工会的利益主体就是不明确的。发生了劳动争议，工会究竟代表哪一方？

改革以来我们一直说搞社会主义商品经济需要实现政府与企业职能分离，从建立健全劳动力市场的角度看，这只涉及劳动力的需求方和劳动力市场的宏观调控问题，而忽视了劳动力的供给方应有哪些转变。现在我们要发展社会主义市场经济，应当考虑政、企、工三分离。企业与政府分离之后，作为用人主体，并不是各个孤立、互不影响的，需要有一个企业家组织来代表并协调；职工作为劳动力所有者，也不应当是孤立的个人，需要一个利益主体明确的完全代表职工的工会。劳动力市场上的组织行为建立起来了，大量的劳动力供求关系才能得到及时妥善的处理，政府才能真正摆脱原来那种劳动行政管理事务，按市场经济的要求转变职能。

## 第三篇

# 关于当前完善社会保障体系的理论争论

（《“十三五”时期我国社会保障制度重大问题研究》一书绪论，原文在《财经》杂志、《社会科学报》等多家媒体上发表）

改革开放以来，经过30年的高速增长，中国面临新的发展阶段。“十三五”时期将实施新阶段的开局五年规划。在这期间，人口老龄化已经使劳动力总供给明显下降，工业化进入中后期将使农业富余劳动力消耗殆尽，同时要化解多年积累的大量过剩产能，治理严重的生态污染，尤其要防止房地产和金融泡沫破裂对经济社会的强烈震荡，加之因世界经济萧条，外贸萎缩，中国经济从高速发展转为中速发展将是“十三五”时期的必经路径。经过一段时间的高速发展，然后转向中低速发展，其实是所有新兴工业化国家走过的路径。这一转变如果处理得当，将促使中国从前阶段依靠过高资本投入、过多资源消耗、过大环境污染、过低劳工成本获取高速发展的旧常态，转向资本投入高效、能源资源节约、生态环境友好、收入分配公平、公共服务均等、可持续发展的新常态。发展方式的重大转变可以给中国经济社会带来新的曙光，也必然经历调整和转型的阵痛。

纵观各国现代发展史，在经济发生重大转折期间，尽可能减少这一变动对社会造成的震荡，对于一个国家来说，除了保持政局稳定外，十分重要的一项举措是完善社会保障体系。适应社会主义市场经济的中国社会保障体系，探索于20世纪80年代中期，初建于20世纪90年代中期，基本框架搭建于21世纪初，经过近30年的艰苦努力，从制度层面看，已经覆盖了全体国民。截至2014年底，职工和城乡居民养老保险参保人数分别达3.1亿人和4.7亿人，分别比2010年底增长34.8%和319.6%。职工医保、居民医保和新农合三项基本医保参保人数超过13亿人，总参保率在95%以上，这是里程碑式的历史性进步。但面临人口加速老化、经济发展降速、财政增长趋缓的压力，完善中国社会保障体系的任务仍然十分艰巨。“十三五”时期，如何按照党的十八届三中、五中全会精神完善中国社会保障体系，以应对经济新常态的需求，相关部门和多个研究机构都写出了有理论分析、有政策建议的课题报告或学术文章。本课题在讨论“十三五”时期社会保障改革面临的重大问题时，广泛收集梳理了有关文献，感到涉及社会保障的许多理论问题还存在重大分歧和争论。例如：“十三五”时期社会保障面临的主要问题是不是防止高福利陷阱？基本社会保障作为政府立法实施的二次分配是不是应当缩小一次分配差距？多缴多得是不是激励人们参加社会保险的主要手段？精算平衡是不是社会保险的基本原则？扩大个人账户规模是不是完善职工基本养老保险制度的正确方向？退休人员缴纳医疗保险费是不是完善职工基本医疗保险制度的必要举措？等等。对于许多涉及具体政策建议的分歧意见，课题组也都认真研究了，并在课题分报告中做了回应。在绪论中，我们主要对上述六个有重大分歧的理论问题谈谈看法。

## 一 “十三五”时期社会保障面临的主要问题不是高福利陷阱

全世界社会保障支出占财政支出比重高的国家是瑞典、挪威等北欧国家和德国、英国、法国等。多年来，德国的这一比重约为45%，瑞典等北欧国家约为40%。而这些国家在2008年以来的世界经济危机波动中表现得还算良好，经济较为稳定，社会较为和谐，创新较为突出，“工业4.0”就是德国发起的。当然也确有一些国家，如希腊背负了沉重的社会福利负担，深陷困境。但希腊的社会保障支出并不比德国高，与其说这个国家是被高福利压垮了，还不如说是处理债务危机举措失当，致使经济萎缩不能再支撑原有的福利水平。至于拉美一些国家曾长期徘徊的“中等收入陷阱”，更不是什么高福利陷阱，而是收入差距过大的陷阱。按地理区域划分，拉美的基尼系数多年来一直排在世界最高位。再看看那些国家大规模的贫民窟，是社会福利太高还是贫富差距太大?

中国在20世纪90年代探索建立符合社会主义市场经济要求的社会保障制度之初，就明确了社会保障水平要与经济社会发展水平相适应的原则。应当说，我们的起点是低的，覆盖面是逐步扩大的，社会保障支出长期以来是不足的。中国社会保障支出占财政支出的比重多年低于10%。据财政部公布的数据，2015年财政总支出是175768亿元，其中社会保障和就业支出为19001亿元，只占10.8%。如果将社会保障基金收入视同税收列入财政收入，那么加上社会保障基金支出约3.8万亿元，再剔除其中财政投入的约0.9万亿元，大致可计算出全社会的社会保障支出约占财政支出的23%，还低于发达国家15~20个百分点。以社会保障支出占GDP的比重分析，中国还低于土耳其、俄罗斯、墨西哥、伊朗、智利等国，略比印度高一点。这说明无论是从社会保障支出占财政支出的比重看，还是从社会保障支出占GDP的比率看，中国社会保障支出水平都是属于很低的国家之列，“十三五”时期，中国合理提高社会保障的支出水平还有相当的空间。

有的政府官员、学者说，近年来中国社会保障支出压力陡然增长，如2015年就增长16.9%，大大高于GDP 6.9%的增速，因此是不可持续的。我们认为：尽管这几年社会保障支出增幅高于GDP增幅，但中国的社会保障支出仍低于世界其他大多数国家，说明前阶段这方面欠账过多；在经济下行时期，合理控制社会保障支出的增速是必要的，但不能因此得出中国社会保障已经面临高福利陷阱的结论。中国社会科学院社会学研究所2015年的“中国社会状况综合调查”覆盖了31个省市区的150多个市县，其中，“ 62.9%的人表示现在社会保障水平太低，起不到保障作用；31.1%的受访者认为政府提供的社会保障太差，从而对政府有不满情绪”。当然，任何时候对任何人说要防止过高福利都很正确，正如对饥肠辘辘的讨薪农民工说要及早防止过度肥胖一样正确。

2014年全国农民工总量为27395万人，比上年增加501万人，增长1.9%。其中，外出农民工16821万人，比上年增加211万人，增长1.3%；本地农民工10574万人，比上年增加290万人，增长2.8%。据多个调研报告提供的数据，农村约有6000万留守老人、6000多万留守儿童、3000多万留守妇女。近5亿人口的庞大社会底层群体，他们的基本社会保障水平高吗？何况他们根本没有条件和能力参加补充或个人储蓄性的第二、第三层次社会保障项目。“十二五”时期社会保障制度覆盖面扩大了，但最差的还是农民工。在养老、医疗、工伤、失业、生育等五险项目中，工伤保险只覆盖了26%的农民工，其他几项参保率更低，医疗保险是17.6%，养老保险是16.7%，失业保险是10.5%，生育保险只有7.8%[①]。需要说明的是，解决农民工社会保障问题，不是为他们单独建立一套社会保障制度，这将进一步固化这一特殊社会阶层，而是让他们尽快市民化，融入城市，享有城镇职工的社会保障和城镇居民的基本公共服务，包括子女的教育和父母的自愿迁徙等。这应当是“十三五”时期完善中国社会保障制度的当务之急。

此外，全国七八千万企业退休人员抱怨养老金低，抱怨养老金低这个问题连续10多年在人大、政协“两会”期间的社会焦点问题调查中名列前茅，这是因为国家立法实施的职工基本养老保险制度双轨制使他们深感待遇不公，而不是他们罔顾国家连续10多年提高其养老金待遇，硬要向高福利陷

① 国家发展和改革委员会就业和收入分配司、北京师范大学中国收入分配研究院编：《中国居民收入分配年度报告（2015）》，中国财政经济出版社，2016。

阱迈进。这个典型案例倒是从另一个角度说明，包括基本社会保障在内的基本公共服务均等化，对于防止过高福利是极为重要的。只要部分社会阶层不合情理地过高享有国家财政支付的社会保障等福利待遇，遗憾的是这种情况确实大量存在，就一定会引起其他社会阶层或群体的强烈不满和攀比。如果说在社会保障体系构建初期人们主要关注自己所在的群体“有没有”被覆盖，那么当社会保障体系基本覆盖全社会后，人们更加关注的是不同群体享有的社会保障待遇“公不公平”。“十三五”时期，与其靶向不清地泛泛讲什么防止高福利陷阱，远不如踏踏实实地推进基本社会保障均等化更符合国情民意。

## 二 当前社会保障制度面临的主要问题是再分配功能弱化

从世界范围看，工业化进程打破了以家庭为生产单位的农业经济生产方式，同时也破坏了家庭的保障作用，从而客观上要求建立适应劳动力大规模流动的社会保障机制。社会保障制度的基本功能：一是实行普遍关联原则，为包括鳏寡孤独及残疾者等弱势群体提供生活保障，这主要表现在社会救助项目上；二是实行就业关联原则，为就业人员暂时或永久退出劳动力市场时提供生活保障，这主要表现在社会保险项目上；三是作为政府立法实施的基本社会保障，发挥二次分配的作用，缩小一次分配的差距，使社会各阶层在分享经济发展成果方面更加公平和谐；四是随着社会保障制度的发展，社会保障基金，主要是部分社会保险基金的积累和使用，对促进经济发展和平抑经济波动发挥了积极的作用。第四项功能本来是派生的，但在中国前阶段把GDP高速增长作为主要目标的背景下，社会保障制度激励经济增长的功能被过分强调，而社会保障制度作为二次分配应缩小一次分配差距的功能则被忽视或弱化。

根据世界银行WDI数据库和联合国大学世界收入不平等数据库、世界概况数据库、经济合作与发展组织数据库提供的资料，18个欧盟国家市场收入的基尼系数为0.443，这与中国的初次分配基尼系数相差并不太多，但是在社会保障的作用下，这些国家的可支配收入基尼系数降为0.29，远低于中国的0.47。从下降幅度看，欧盟国家政府的社会保障政策使其基尼系数的平均值下降了40%，相比之下，中国仅下降了12.3%。

实际上，中国的基本社会保障在一些项目上还存在“逆向转移”问题。早在21世纪初，就有学者指出：“面对日益扩大的收入分配差距，我国社会保障制度改革的着力点没有及时得到相应调整，在总的原则上，还停留在改革启动时期，强调效率高于公平，向低收入者倾斜不够，在某种程度上还有拉大收入分配差距的问题。”[①]如城乡社会保障的差距、城镇职工基本养老保险双轨制等，都不仅没有缩小一次分配的差距，反而扩大了一次分配的差距。其中城乡社会保障差距的缩小，有赖于中国二元经济结构的调整，不是短时

① 宋晓梧：《中国社会保障体制改革与发展报告》，中国人民大学出版社，2001。

间内可以解决的，而城镇职工基本养老保险双轨制的长期实施则完全是政策失误。2000年至今，15年过去了，社会保障制度缩小一次分配差距的功能仍很微弱，可是至今仍有一些官员或学者，无意或有意地忽视社会保障应发挥的这项基本功能，一味过分强调激励作用。

职工基本养老保险制度设计是一个典型案例。中国在从计划经济向社会主义市场经济转轨的过程中，20世纪90年代初探讨并建立了个人账户与社会统筹相结合的基本养老保险制度。改革初期，城乡合计的基尼系数不过0.3。因此，20世纪八九十年代初，分配制度的改革重在打破平均主义。在这一大背景下，曾提出把一次分配的效率原则引入二次分配中，在基本养老保险制度中引入个人账户，因为个人账户是以职工在职时的一定工资比例缴纳的，体现了多缴多得的原则。20世纪90年代初，主张在基本养老保险中体现激励原则的同志设计了16%的个人账户。经过激烈的争论并总结不同省份探索个人账户的实践，国务院在1997年统一了职工基本养老保险制度，全国企业职工统一按11%建立个人账户，个人缴纳8%，企业按职工本人工资缴纳3%。其后，这项制度又逐步加以修正，个人账户降低到8%，完全由职工个人缴纳，同时提高了养老金计发的社会统筹所占份额。一个国家社会保障制度建立与完善的历程应与本国经济社会的发展阶段、发展水平相适应。经过30多年的改革开放，中国的社会经济生活已经发生了巨大变化，在创造了高速经济发展奇迹的同时，逐步积累了许多问题，其中突出的是收入分配差距过大。中国城乡合计的基尼系数在10多年前就超过了国际

0.4的警戒线，逼近0.5。在新的经济社会发展阶段，面临一次分配差距过大的现状，基本社会保障项目应当提高公平性、共济性，以平抑一次分配的差距。作为基本社会保障最重要的项目之一，基本养老保险制度提高公平性、共济性的方向也应当明确。

课题组在与国际劳工组织和欧盟社会保障专家交流的过程中，曾问到社会保障制度与效率的关系，得到的答复出乎我们预料。他们认为，社会保障制度作为政府再分配的工具，在缩小一次分配的差距方面能起多大作用是衡量这一制度效率高低的重要标准，如果没有缩小一次分配的差距，这项制度就是无效率的。以这一标准衡量，中国社会保障制度的效率亟待提高，至少“十三五”时期，不应再降低其效率，这应作为进一步改革社会保障制度的底线来遵守。

## 三　社会保险项目不宜过分强调多缴多得的激励作用

社会保险是国家依法强制实施的，更应强调依法行使权利。在要求用人单位和职工群众依法参加社会保险的宣传动员时，应大力宣传社会共济、社会公平、社会公德，而不应着力渲染个人利益甚至迎合利己主义。一次分配要贯彻多劳多得的按劳分配原则，充分发挥市场配置劳动力资源的决定性作用；二次分配则应强调社会共济公平原则，更好地发挥政府的作用。如果在二次分配中仍片面强调多缴多得，一次分配的差距就难以缩小。

社会保险项目有多种，除了养老保险，其他险种都很难与多缴多得挂钩。例如，职工缴纳了失业保险，不失业的一分不得，这本来是毫无争议的各国通行规则，居然在中国发生了从事失业保险工作的人员，为如何在这一险种中贯彻多缴多得而大费脑筋的怪事。再如职工基本医疗保险，只能是大家按一个标准，即职工工资的某一百分比缴费，谁得大病谁多得。如果能设计出一种个人缴费多就多报销医疗费的制度，还不如直接交给商业医疗保险去承担。又如工伤保险，按不同行业的职业安全风险设计不同的费率，依国际惯例完全由企业负担，与职工多缴多得更无关联。

唯一与多缴多得挂得上钩的是职工基本养老保险。在依法实施的前提下，为鼓励职工参加这一险种的积极性，在方案设计时，可以考虑一定的激励因素。大致有两种办法可供选择：一是从一生缴费年限上鼓励多缴多得，个人缴费时间越长，领取的养老金越多；二是从当年缴费数量上鼓励多缴多得，个人缴费越多，领取的养老金越多。第一种方法已经在实践中了，当然还有进一步调整的余地。第二种方法需要慎重权衡利弊，因为职工基本养老保险按职工工资的一定比例缴纳，不可能像居民养老保险那样设计5～10个档次由投保人自由选择，在现行制度框架下，只能扩大职工基本养老保险个人账户的规模。而扩大个人账户规模意味着缩小这一最重要的社会保障项目的共济性，这与“十三五”时期应扩大社会保障共济性的方向相悖。

这里想再次强调指出的是，社会保险的设计与实施，不宜构建在个人私利的伦理平台上，而应构建在社会共济的伦理平台上。如果政策设计和舆论导向过分倾向和过多宣传多缴多得的激励性，久而久之，势必引导参保人员斤斤计较，把个人得失放到第一位，社会保险的互助共济性将在道德伦理层面逐渐消逝，“这一制度应有的政治认同、国家凝聚、社会团结、集体文化及收入再分配功能丧失”[①]，共享发展又从何谈起。

## 四 在社会保险制度设计中正确运用精算技术

有的官员和学者，对作为社会保障核心项目的社会保险，如何发挥其缩小一次分配差距的主要功能闭口不谈，却把精算平衡夸大为基本原则，引起了社会保障学界的诸多困惑。

社会保险包括多个险种，医疗、失业、工伤、生育这四大险种如何达到精算平衡，谁能说得清楚？例如失业问题，既要预测经济增长速度又要估算就业弹性，仅经济增长速度这一项，是可以精算出来的吗？对“十三五”时期的经济潜在增长率，从10%到5%有各种预测，哪一个是精算？医疗保险方面，如不解决医疗机构“以药养医”导致的大处方高价药问题，精算如何达到自我平衡？而大处方高价药是精算可以解决的吗？生育保险更是难以精算，放开二孩，生育政策变了，相应的保险就需改变。这说明，社会保险的本质是社会政策，在本课题组收集到的大量国外资料中，还没有找到

① 郑功成：《基本养老保险不宜采取大账户制》，《民生专报》2015年第1期。

一个国家把社会保险列入金融保险范畴。

在社会保险的五大项目中，由于人口基数庞大且相对稳定，基本养老保险基金的支出确定在法定退休年龄之后，不会出现即时支付的情况，所以在这一项目的设计中可以较好地借助精算技术，以便尽可能达到收支平衡。但社会保险制度自1883年俾斯麦政府创立时，就明确其筹资原则是三方共担，国家财政要承担适当补贴和兜底责任。这就决定了社会保险不能与商业保险简单类比，达到完全的“精算平衡”，更应强调其原则、方向与作用，必要时国家财政出资。

精算很重要，但它的作用也是有限的。瑞典1994年实施17%的名义账户制，2008年精算结果是2020年才会出现负债大于资产的情况，实际情况却是当年名义账户的负债就开始大于资产，只能降低退休待遇水平才可保持制度平衡，否则就需要增加财政投入[①]。即便商业养老保险，精算也并不一定能平衡。美国按税法401K条款建立的各种养老基金是完全市场化运作的，多少精算师天天在精算，无一人事前精算出2008年金融危机对这一类基金的影响。如果没有美国的联邦社会养老保险垫底，次贷危机还不知道会给美国社会造成多大的震荡。

需要强调指出，商业保险起源远早于社会保险，商业保险不精算，保险公司就要赔本。但商业保险的局限性在于即使精算，也难以预判大的社会或自然变动，更没有平抑一次分配差距的功能。在自然经济及其相对应的家庭保障被工业化摧毁之后，为弥补商业保险的不足，欧美等国逐步建

① 李珍、周艺梦：《社会保障制度的瑞典模式》，《经济学动态》2010年第8期。

立起社会保险体系。如果社会保险以精算为基本准则就可以实现精准平衡，那就交给商业保险公司办算了，政府何必多此一举。

此外，鉴于社会经济发展的不确定性，以不同的边界条件为假设或预测，就有不同的精算结果。以中国职工基本养老保险个人账户隐性债务为例，世界银行、原国务院体改办、原劳动和社会保障部社会保险研究所等单位的精算结果从2万亿元到12万亿元人民币，有十几种。有的一个课题组就提出多种测算边界，假设投资回报率平均为4%是一种，假设6%又是一种，再加上退休年龄延迟情况的多种假设，组合起来就有多种结果，请问哪一个是“精算中性”？近几年，中国银行、德意志银行、中国社科院、北大经济学院等课题组对中国养老保险的总体隐性负债进行了精算，分别得出18万亿元到802万亿元人民币的不同结论[①]，再请问哪一个是“精算中性”？商业保险公司在不同精算结果的基础上可以设计众多种类的产品出售，由投保者自行选择，效益不好，尽快停售，效益很好，扩大销售，总体盈利就成功。作为国家立法强制实施的基本社会保险，绝对不能根据不同边界条件精算出的不同结果出台不同的政策措施让公众自行选择。

再说，一国应当在多大程度上实现社会共济，雇主与职工缴纳社会保险费的比例，政府财政对社会保险的支持力度多大，是在不同利益群体博弈的基础上，执政党下政治决心

① 郑秉文主编：《中国养老金发展报告2014——向名义账户制转型》（主报告），经济管理出版社，2014。

的问题，不是依靠什么“精算中性”算出来的。政治决心确定后，制订具体方案时，可以也应当充分利用精算这一工具手段。

## 五　扩大个人账户规模不是现阶段完善职工基本养老保险制度的方向



党的十八届三中全会指出，“建立更加公平可持续的社会保障制度，坚持社会统筹和个人账户相结合，完善个人账户制度”，明确了养老保险制度改革的方向。其中关于完善个人账户制度，始终存在“做空”与“做实”两种观点的争论，在多年“做实”试点停滞不前的情况下，名义账户制成为一种比较务实的选择。但如何设计名义账户，学术界仍存在很大争议。2015年机关事业单位与企业基本养老金制度并轨的方案出台后，如何完善个人账户制度的讨论更趋激烈。

有的学者提出将单位（工资总额的20%）和个人（工资收入的8%）缴费全部纳入个人账户，实行28%零统筹的名义“全账户”职工基本养老保险制度[①]，并一再声称，只有扩大个人账户才符合党的十八届三中全会决定的精神。在这种制度设计中，用人单位将以职工个人工资近2.5倍的数额缴费，计入个人账户。举一个浅显易懂的例子：北京市2014年度的平均工资是7.7万元，按现行规定，以3～0.6倍为缴费上

① 郑秉文主编：《中国养老金发展报告2014——向名义账户制转型》（分报告九），经济管理出版社，2014。

下限，甲职工年薪20万元，这在许多企业尤其是金融业高管中并不鲜见，单位将每年为他个人账户打入4万元。乙职工年薪4万元，许多农民工还达不到这一水平，单位将每年为他个人账户打入8000元。单位为工资高的打入的年养老金缴费额等于工资低的年薪，这是雪中送炭还是锦上添花？再经过30～40年的积累和复利，无疑是把初次分配的差距大大扩展到基本养老保险这一再分配领域，如前所述，这与现阶段应提高基本社会保障的公平性、共济性南辕北辙①。

除了名义“全账户”方案与当前社会保障制度应提高共济性相悖这一方向性错误外，其方案本身的内在逻辑也被许多社会保障学者质疑。

一是在借鉴国外经验方面，只谈瑞典17%大名义账户的优点，而无视其存在的问题。有学者指出：“瑞典的名义个人账户模式要解决的社会问题与我国现存的社会需求不符。瑞典多年来崇尚社会平等，福利国家强调劳动力的去商品化，向所有人提供均等化的养老金。在产业结构变化、国家能力下降的条件下，仅有1000万人口的高素质国民集体要求，通过改变公共养老金的计算方法，鼓励个人缴费，这不失为一种制度性尝试。而我国从来就没有提供过均等化的养老金，所需要解决的是现有的社会统筹+个人账户模式的针对性和适用性及可持续性问题。”“瑞典的名义个人账户实际上实行的仍然是现收现付制，这就意味着最终承担养老责

① 这里顺便说明一下，取消社会统筹，实行28%的“全账户”，这一方案设计在社会保障学界极少找到知音，但由于在财经类媒体上广为宣传，一时间竟然被社会公众误认为是当前社会保障学界的主流观点。

任的仍然是政府。从长远来看，无疑加重了老龄化社会的负担，使得制度更加不可持续。”“瑞典的改制实验已经证明，名义个人账户的弊端还包括管理费增加，因为要根据每个人的整个缴费历史进行细致的精算，这将使一些就业回流到政府部门。此外，过分强调个人差异的制度必然会带来贫富之间的悬殊。对于瑞典这个自诩为公平社会的国家来说，社会制度与文化传承之间已经出现了裂痕，社会保障制度通过二次分配调节收入分配的原理已被挑战，其道德和政治领域里的可持续性尚未可知。”①本课题组在与国际劳工组织和欧盟社会保障专家的多次交流中获知，由于瑞典大名义账户出现了包括本文前面提到的精算不精等诸多问题，瑞典政府要求调查委员会去调查原因。2013年，政府延长工作年限和退休年龄委员会声明：“养老金改革、慷慨的税收政策和主要的信息刺激等，均期望引导老年人随着平均预期寿命的延长来增加工作时间。然而，尽管对老年人就业产生了一些正向激励，但这些变化都是中性的。瑞典实际的正常退休年龄仍是65岁，老年人工作时间确实延长了，但延长的过程非常缓慢。”2015年瑞典政府请欧盟专家对大名义账户进行诊断，结论是这一模式还远不完善，有待改进。我国的收入分配差距比瑞典高1倍，却偏要设计比瑞典还要大10多个百分点的名义个人账户，如此不顾及国情，实有邯郸学步之嫌②。

二是设计“全账户”“大账户”的学者和支持这一观点

① 周弘：《关于养老金个人账户》，《中国社会科学》2015年第9期。

② 古钺：《更公平 可持续——论谋求职工养老保险制度的基本定型》，《中国社会保障》2016年第2期。

的部门领导一方面竭力宣传“全账户”对职工的激励作用，另一方面又坚决反对个人账户继承，甚至在公开举办的论坛上指责、嘲讽全国人大前几年刚通过的《中华人民共和国社会保险法》关于个人账户可继承的条款。因为28%的大名义个人账户如果继承，又没有实账积累，超过平均余命的养老人员将成为财政极其沉重的负担。然而，建立“全账户”的激励作用与“个人账户余额不继承”的负激励设计完全自相矛盾。如果一种制度设计要求职工一生中近三分之一的收入积累额不能继承，职工在退休前或退休后几年内去世，几百万元的积累都交公了，那人们为什么不把这笔钱存银行或购买商业保险呢？他们还有参加这一制度的积极性吗？再说，个人账户规模扩大就能提高职工参保的积极性也并没有被实践证明。包括智利在内的所有实行个人账户改制的南美国家，10多年来其职工参保率都是下降的。瑞典实行名义个人账户后，65岁以前提取退休金的人所占比例，从1999年的10.3%反而上升到2005年的18.1%[①]。对职工来说，扩大个人账户规模不如提高账户利率更有激励作用，正如存款利息提高比多存款的激励作用大得多。

主张取消个人账户继承的人还说他们在这一设计中体现了社会共济，即早去世的职工为晚去世的职工做贡献。不知道他们是否按职工的行业、工种、收入分组等精算过了，是煤矿工人的平均寿命高还是证券业职工的平均寿命高？是一线工人的平均寿命高还是企业高管的平均寿命高？是低收入组人群的平均寿命高还是高收入组人群的平均寿命高？按常

① 李珍、周艺梦：《社会保障制度的瑞典模式》，《经济学动态》2010年第8期。

识，当然是后者。那么，这种所谓“不同寿命人群的社会共济”，总体上必然产生问题：国家法定养老保险制度造成低收入群体的社保福利向高收入群体逆向转移。

本课题组认为，在我国一次分配差距已经过大的情况下，完善职工基本养老保险制度，坚持公平性、共济性的原则不能偏离，坚持缩小而非扩大初次分配差距的方向不能偏离，在此基础上，才可以进一步讨论如何有效解决当前职工基本养老保险制度存在的具体问题。我们认为，把现在职工缴纳的8%个人账户改为名义账户就可以达到较平稳过渡的效果，如果能将个人账户缩小到5%，那么社会共济性还可以进一步提高。同时，应坚决实施基础养老金的全国统筹，推进分步式延迟退休年龄，夯实缴费基数，加快农民工市民化进程以扩大缴费基数。现阶段完全没有必要大动干戈去搞28%的零统筹“全账户”，那样既缩小了职工基本养老保险的共济性，又增大了与现制度衔接的难度。

## 六　退休人员缴费不是完善职工基本医疗保险制度的必要举措

2016年初，有官员在主流媒体撰文，提出要“研究实行职工医保退休人员缴费政策，建立与筹资水平相适应的医保待遇调整机制”[①]。人力资源和社会保障部新闻发言人则表示，是否实行退休人员缴纳医疗保险费并未确定，只是在

① 楼继伟：《中国经济最大潜力在于改革》，《求是》2016年第1期。

“十三五”时期启动这方面的研究。本课题组经初步研究认为，在实行统账结合的职工基本医疗保险制度框架内，退休人员再缴费并非必要举措。

2011年实施的《中华人民共和国社会保险法》明确规定：“参加职工基本医疗保险的个人，达到法定退休年龄时累计缴费达到国家规定年限的，退休后不再缴纳基本医疗保险费，按照国家规定享受基本医疗保险待遇。”这一规定是依照1998年《国务院关于建立城镇职工基本医疗保险制度的决定》（以下简称《决定》）中相关内容写的。当年劳动和社会保障部部长，就这一决定做了说明，其中第八条专门讲道：“老职工和离退休人员由于年老体弱，医疗费用负担较高，切实解决他们的医疗费用负担，是这次改革所要解决的一个重点问题。《决定》提出建立社会统筹和个人账户相结合的城镇职工基本医疗保险制度，既可以发挥统筹基金的互助共济功能，解决当前老职工的医疗费用负担问题，又可以发挥个人账户的积累作用，使职工在年轻健康时为将来年老多病时做必要的积累，缓解将来人口老龄化所带来的医疗费用支出压力。” 并强调：“明确规定退休人员不缴纳基本医疗保险费，目的是为了减轻他们的负担。”“各地对退休人员在统筹基金支付时的个人负担医疗费的比例要予以照顾。”[①]这说明，退休人员不缴纳医保费，是统账结合职工

---

① 参见劳动和社会保障部部长张左己1998年11月26日在全国城镇职工医疗保险制度改革工作会议上关于《国务院关于建立城镇职工基本医疗保险制度的决定》的说明。劳动和社会保障部医疗保险司编：《中国医疗保险制度改革政策与管理》，中国劳动社会保障出版社，1999。

医疗保险制度设计的初衷，当时的制度设计者就考虑了中国人口老龄化的紧迫性，也做了多次人口老龄化趋势及其对医疗费用增长的预测分析。从1998年至今，关于医改的各种争论不绝于耳，但直到2015年并未听说过社会保障学界有人否定退休人员不缴费的规定。

为何现在提出要研究职工医保退休人员缴费问题？看来不是制度不公平，而是职工医疗保险基金支出压力增大了。2008年之前，职工医疗保险基金没有出现问题，个人账户基金还有大量积累，当时关注职工医疗保险的学者们，大多在研究如何适时提高职工医保报销水平或适当减低职工缴费水平。2008年之后，“新医改”启动，取得了许多重大进展，但也出现了“泛福利化”倾向[①]。一些统筹地区，没有考虑到劳动力人口结构的变化及实际缴费水平，过分扩大报销范围，过快提高报销比例，把本来可以为商业保险留下发展空间的一些小概率大病保险，也纳入了职工基本医疗保险基金支出范围。近年来职工医疗保险基金虽然在全国范围仍有结余，但许多地方已经出现当年收不抵支的情况。《中国社会保险发展年度报告（2014）》提供的数据显示，2014年底，职工基本医疗保险参保人数28296万人，比上年增加853万人，增长3.1%，比2009年增加6359万人，年平均增长5.2%。职工基本医疗保险基金收支总规模达到14735亿元，比上年增加1843亿元，增长14.3%，比2009年增加8685亿元，年平均增长19.5%。2014年，职工基本医疗保险统筹基金累计结

① 参见中国医疗保险研究会2015年5月4日发布的《2014年基本医疗保险评估报告》。

存5537亿元，比上年增加731亿元，增长15.2%，比2009年增加2876亿元，年平均增长15.8%。但是，这些基金主要积累在广东、江苏、浙江、山东等东部省份及其他经济发达地区，同时，108个统筹地区，主要是老工业基地和中西部一些地区的职工医疗保险基金出现当年亏空，有的甚至花光了积累。考虑到中国经济发展整体处于转型期，许多省市财政支出压力陡然增大的背景，有些人想出让退休人员再缴纳医保费的主意似乎也在情理之中。问题是这一措施能解决问题吗？

首先，退休人员按什么标准缴纳？显然，不可能让用人单位再按他们6%或8%的退休金缴纳医疗保险费，因为他们已经与单位解除劳动关系了，不是计划经济下的“单位人”，而是社会主义市场经济下的“社会人”。关于职工医疗保险缴费不能实行“双基数”的问题，20年前在镇江、九江职工医疗保险试点时就已经讨论过了。那么，退休人员最多只能按他们退休金的2%缴费，这能起多大作用？退休了个人所得税都免除，非增缴职工医疗保险费，又收不了多少，还惹得七八千万退休人员怨声载道，何苦呢[①]！

其次，当前职工医疗保险基金总体结余，一些统筹地区收不抵支，是区域结构性问题。职工基本医疗保险作为“十二五”规划中明确列为国家基本公共服务的项目，改革

---

① 这使我们联想到遗产税的征收。一些人认为遗产税收不了多少，征收成本还高，所以尽管“九五”计划就将其列入议程，在2012年国家发展改革委等部门出台的收入分配改革意见中再次提出，但至今不见踪影，要普通退休人员增缴医疗保险费却很有雷厉风行之势。

的方向是逐步实现基本公共服务均等化，而基本公共服务均等化绝不是指某一统筹地区的均等化，只能是全国的均等化。在这一大方向下，如果全国统一实行退休人员缴纳医疗保险费，东南沿海地区的职工医疗保险基金将进一步结余，老工业基地和中西部困难地区的职工医疗保险基金却增收不了多少。如果允许各地根据各自的基金收支状况自主确定退休人员的医疗保险缴费水平，那么与基本公共服务均等化的改革方向相悖，也必然进一步扩大地区间的收入分配差距。

更重要的是，缓解因老龄化带来的职工医疗保险基金压力，光开源不节流显然不够。2008年开始了新一轮医改，但至今公立医院逐利性质基本没变，媒体报道许多省市大建五星级、六星级高标准干部病房，医疗服务中的诱导性消费不降反增。另外，高级干部医疗、一般干部医疗、普通职工医疗费用的支出与增长情况应做结构性分析，不能笼而统之地把医保费用过快增长的原因都归咎于广大普通职工和退休人员。建议相关部门公布我国医疗资源和资金在不同群体中使用的结构数据和人均水平，为职工医疗保险基金节支明确主攻方向。保持基本医疗保险资金收支平衡的重要因素，应包括改变公立医院的逐利性，建立分级诊疗和双向转诊制度，降低虚高药品价格和天价医疗设备检查费用，以达到医疗资源和职工医疗保险基金在不同地区、不同人群之间的合理均衡使用。

这里举一个美国的案例。这个被誉为发达国家中市场化程度最高的国家，争论了20多年也没有最后确定如何给在职人员提供医疗保险。但美国早就有联邦医疗保险，2014年，这一保险覆盖5380万人，其中4490万是65岁以上的老人[①]。联邦医疗保险有两个基金账户，其中国家法定要缴费的是“医院保险信托基金（HI）”，这一基金只为老年人的医院护理付费，来源于在职人员和雇主各按职工工资的1.45%缴纳，总计为2.9%。显然，退休了就不用再缴纳这1.45%的工资税。更加强烈对比的是，2013年，美国对联邦医疗保险缴费标准做了调整，把个人年收入超过20万美元、夫妻年收入超过25万美元的职工缴费率提高到3.8%，但绝对没有所谓的“多缴多得”，这些年收入高的职工退休后依然与其他退休人员同等享有医院护理费。我国国情与美国不同，但这个例子还是对我们有些启发的。

课题组认为，退休职工缴纳医疗保险费不是应对人口老龄化的关键，能起到的财务作用也十分有限，而带来的社会成本可能很大，与中央一再强调的改革要为民众谋利相距甚远，应当慎之又慎。

① 参见美国《联邦医疗保险受托人报告（2014）》。

肆

# 科研项目

## 一 国家级项目

2016—2020年，国家社科基金“十三五”重大项目“构建中国和谐劳动关系研究”课题组首席专家；

2001—2005年，国家社科基金“十五”重大项目“我国收入分配体制研究”课题组组长；

1996—2000年，国家社科基金“九五”重大项目“中国社会保障体制研究”课题组组长；

1991—1995年，国家社科基金“八五”重大项目“我国人力资源开发与就业研究”课题组组长。

## 二 部委及国家级学会、研究会课题

2016年，中国经济体制改革研究会“去产能问题研究”课题组组长；

2015年，中国经济体制改革研究会“‘十三五’时期我国社会保障制度重大问题研究”课题组组长；

2014年，主持国家发展改革委“国家综合配套改革试验区评估报告”课题；

2014年，中国经济体制改革研究会“要素市场化改革研究”课题组组长；

2013年，中国经济体制改革研究会“地方政府公司化问题研究”课题组组长；

2012年，中国经济体制改革研究会“政府与市场模式研究”课题组组长；

2010年，中国经济体制改革研究会“国民收入分配改革研究”课题组组长；

2007年，联合国开发计划署委托中国（海南）改革发展研究院组织的“基本公共服务与中国人类发展报告”分课题“基本公共服务均等化与基本社会保障制度”课题组组长；

2005—2007年，主持国务院振兴东北办“东北振兴规划前期研究”课题；

2003—2004年，主持国家发展改革委宏观经济研究院“‘十一五’规划总体思路研究”课题；

2000—2001年，作为工作班子负责人，协助国务院体改办领导完成中央和国务院领导交办的专题研究报告《关于深化国有企业分配制度若干问题的意见》；

1999—2000年，国务院体改办和美国安泰公司合作项目“中国养老保险隐形债务”课题组组长；

1998—2001年，国务院体改办和德国艾伯特基金会合作项目“中国就业问题”专家组组长；

1997—1998年，国家体改委和美国恒康公司合作项目“中国社会保障基金管理”课题组组长；

1996—1997年，国家体改委和澳大利亚康联集团合作项目“补充养老保险研究”课题组组长；

1994—1995年，劳动部重点项目“劳动科研规划研究”课题组组长；

1993—1994年，劳动部重点项目“劳动体制改革总体设想”课题组主要成员；

1992—1993年，劳动部国际劳工研究所与国际劳工组织合作项目“中小企业劳动法规研究”课题组组长。

# 附录

## 主要论著

1．宋晓梧等著：《中国企业管理百科全书（增补卷）》人力资源开发篇，企业管理出版社，1990年版。

2．宋晓梧等著：《人口、劳动力、教育、医疗保健中长期预测技术》，劳动出版社，1991年版。

3．宋晓梧等著：《劳动科学大辞典》，四川科学技术出版社，1991年版。

4．宋晓梧主编：《劳动力市场》，光明日报出版社，1993年版。

5．宋晓梧著：《国际劳务合作与海外就业》，劳动出版社，1994年版。

6．宋晓梧著：《通过市场实现就业》，人民出版社，1994年版。

7．宋晓梧著：《产权关系与劳动关系》，企业管理出版社，1995年版。

8．宋晓梧主编：《中国市场经济建设全书》第28卷《劳动力市场》，山西人民出版社，1996年版。

9．宋晓梧等著：《养老保险制度改革》，改革出版社，1996年版。

10．宋晓梧等著：《我国人力资源开发与就业》，劳动出版社，1997年版。

11．宋晓梧主编：《中国社会保障制度建设20年》，中州古籍出版社，1998年版。

12．宋晓梧等著：《中国社会保障基金营运管理》，企业管理出版社，1999年版。

13．宋晓梧著：《中国社会保障制度改革》，清华大学出版社，2001年版。

14. 宋晓梧等著：《完善养老保险确保老有所养》，企业管理出版社，2001年版。

15. 宋晓梧主笔：《中国社会保障体制改革与发展报告》，中国人民大学出版社，2001年版。

16. 宋晓梧等著：《社会主义市场经济概论》（全国干部学习读本），人民出版社，2002年版。

17. 宋晓梧主编：《我国收入分配体制研究》，中国劳动社会保障出版社，2005年版。

18. 宋晓梧等著：《中国养老保险个人账户基金管理运营和监管》，中国财政经济出版社，2005年版。

19. 宋晓梧著：《改革：企业·劳动·社保》，社会科学文献出版社，2006年版。

20. 宋晓梧主编：《中国社会体制改革30年回顾与展望》，人民出版社，2008年版。

21. 宋晓梧著：《民生在勤 勤则不匮——宋晓梧谈民生》，中国友谊出版公司，2010年版。

22. 宋晓梧等主编：《中国收入分配：探究与争论》，中国经济出版社，2011年版。

23. 宋晓梧主编：《国民收入分配改革研究》，中国财政经济出版社，2011年版。

24. 宋晓梧主编：《社会发展转型战略》，学习出版社、海南出版社，2012年版。

25. 宋晓梧主编：《政府与市场模式研究》，中国财政经济出版社，2012年版。

26. 宋晓梧等主编：《不平等挑战中国——收入分配的思考与讨论》，社会科学文献出版社，2013年版。

27. 宋晓梧主编：《改革的突破口在哪》，中国财政经济出版社，2013年版。

28. 宋晓梧等著：《改革是中国最大的红利》，人民出版社，2013年版。

29. 宋晓梧主编：《地方政府公司化研究》，中国财富出版社，2014年版。

30. 宋晓梧主编：《聚焦改革难点》，中国财政经济出版社，2014年版。

31. 宋晓梧等主编：《国家综合配套改革试验区评估报告》，中国财政经济出版社，2015年版。

32. 宋晓梧等著：《新常态下的区域经济大变局》，浙江大学出版社，2015年版。

33. 宋晓梧主编：《要素市场化改革研究》，中国财政经济出版社，2015年版。

34. 宋晓梧主编：《“十三五”时期我国社会保障制度重大问题研究》，中国劳动社会保障出版社，2016年版。

35. 宋晓梧主编：《构建共享型社会》（“十三五”国家重点图书出版规划项目），广东经济出版社，2017年版。

36. 宋晓梧主编：《去产能研究》，中国财政经济出版社，2017年版。

另外，在各类报纸杂志上发表论文、文章300多篇。

（注：凡注明“宋晓梧等著”的，宋晓梧都是第一作者）